Carnet ouvert sur l'Ecurie Las Benex

AF155885

Carnet ouvert sur l'Ecurie Las Benex

Pascale Sautour

Carnet ouvert sur l'écurie Las Benex

Carnet ouvert sur l'Ecurie Las Benex

Edition : BoD – Books on Demand
12/14 rond-point des Champs Elysées, 75008 Paris
Imprimé par Books on Demand, Norderstedt,Allemagne
ISBN : 9782322032082
Dépôt légal : juin 2019

Préface

Cette envie d'écrire, était présente depuis longtemps. J'aime la lecture, apprendre, me divertir grâce aux pages d'écriture des auteurs qu'ils soient français ou étranger. J'aime l'objet livre.

Un sujet à portée de main s'impose. Nos chevaux prennent une place énorme et salutaire dans notre vie quotidienne. Immortaliser tout ce qui nous lie à eux me semble important pour plus tard, de même que le partager avec ceux qui participent de près ou de loin, ou désirent suivre cette expérience.

Carnet ouvert sur l'Ecurie Las Benex

Les protagonistes seront les mêmes que dans « Le Rêve d'une Passion », auxquelles viendront s'ajouter quelques surprises, des poulains et de nouvelles recrues.

Avant de commencer, faisons une petite piqure de rappel :

Le mâle de la tribu : Ouvatu Du Chêne
La mascotte : Salsa
La première « pie » et jument de cœur : Indiana
La plus fière : Daniella alias Goshka
La nonchalante : Fatinka
L'impatiente et vive : Elzanne (nouvelle recrue)
L'élégante : Latsitsaa (bébé 2018)
La capricieuse et friponne: Ikickapou (bébé 2018)
La relève et imprévisible: Comédie
Le passionné : Christian
Les amis cavaliers ou non cavaliers
Nos parents : les « Simone » et Maurice
La compagne du passionné : moi-même
Et toujours « Last but not least »... Zoé

Carnet ouvert sur l'Ecurie Las Benex

Fin 2016

Rythme de croisière aux écuries !

Octobre

Continuité !

Lundi 10 octobre

Quand nous avons décidé de démarrer notre élevage il y a quelques années, avec l'arrivée d'Indiana en février 2009, il y avait probablement au fond de nous le secret de voir naître la perle rare que tout éleveur rêve de voir courir dans ses prés et surtout évoluer à un certain niveau sportif.

Cela fait maintenant huit ans que nous avons commencé (à petite échelle, par marque de temps et d'espace…) cet élevage. Au fil du temps, nous avons compris que nous avons du mal à couper le cordon avec nos petits protégés et que le plus important est de leur trouver la meilleure famille possible pour qu'ils trouvent un équilibre, vivent heureux et bien entourés..

Samedi 15 octobre

Hier soir, Gaagii Las Benex est parti avec sa nouvelle propriétaire rejoindre leurs terres Creusoises. Nous sommes heureux pour elle et pour lui. Il recevra sans aucun doute tous les soins qu'il mérite. Seulement une heure trente nous séparent, nous irons lui rendre visite très prochainement.

Après cette séparation brutale ce matin, Indiana est seule au pré en attendant de pouvoir rejoindre ses congénères à la fin de la semaine. Le sevrage nous oblige à l'isoler car à part un peu de foin elle va rester à la diète quelques jours pour stopper la montée de lait.

Novembre

Des nouvelles des anciennes !

Mardi 1er novembre

Une belle journée d'automne aux écuries. Les quatre juments tachées blanc et baie ou noir profitent des derniers jours sous cette belle lumière automnale aux couleurs de feu, d'ocres et de dégradés de bruns.

Goshka, la « patronne » se place toujours aux avant-postes pour surveiller ce qui se passe.

Fatinka, courageuse, mais pas trop, s'arrange pour n'être jamais très loin de sa mère.

Comédie, profite de ses très grandes vacances avant la reprise intensive du travail dans quelques jours.

Indiana, toujours en retrait, se protège et protège son futur poulain. Nous espérons que cette fois-ci elle nous fera une pouliche, si de surcroit elle était pie ce serait la cerise sur le gâteau pour assurer la relève.

Dimanche 20 novembre

Notre petite et magnifique Bohitika Las Benex a bien grandi et a trouvé la maison qui lui fallait du côté de Lacanau. A bientôt six ans et après une longue pause elle semble progresser assez vite sur les barres. Bravo à sa propriétaire et nous la remercions de nous donner des nouvelles aussi souvent.

Décembre

Sérénité et découvertes...

Le mois de décembre se déroule tranquillement !

Dimanche 18 décembre

Bonne séance obstacle hier pour Comédie et Christian sous le soleil de décembre.

Lundi 19 décembre

Comédie continue comme elle avait commencé. Les bonnes séances s'entrecoupent de moments où le comportement s'avère plus aléatoire et déstabilisant.

En ce jour de décembre, le travail sur une combinaison sauts de puce avec une foulée oxer s'est bien déroulé. Elle est à l'écoute, fait de jolis sauts et progresse dans la confiance. Cela va-t-il durer ?

Vendredi 23 décembre

Fatinka monte et descend du van sans difficultés. Monter dans un van n'est pas chose facile. Et se retrouver dans une boîte fermée sur les côtés, devant et derrière soi, peut être difficile à accepter pour un jeune cheval.

Nous lui avons fait un stage progressif. Les premières fois, c'est une découverte. Puis, avec la répétition et des granulés en récompense, elle monte quasiment toute seule.

Mardi 27 décembre

Fatinka découvre sa future vie de cheval de sport.

Vendredi 30 décembre

C'est la fin de l'année. C'est aussi le jour des premières fois : premier voyage en van pour Fatinka, première visite dans un manège aux Ecuries d'Haleix. Premier tête à tête avec un chien. Lui, curieux, lui tourne autour, désire entrer en contact. Elle, plus intéressée par le filet à foin, ne lui prête guère d'attention.

Samedi 31 décembre

Ce sont les vacances. Une nouvelle année va commencer. Soyons fous. Comédie m'accepte le temps d'une séance sur son dos. Laquelle est la plus stressée ? Je ne donnerai pas la réponse. Juste un sous-entendu. Comédie fait ce que je lui demande. Dans le cas présent, autant dire pas grand-chose, à part marcher au pas et s'autoriser ensemble quelques foulées de trot.

2017

L'année des changements ... !

Janvier

Le renouveau !

Vendredi 6 janvier

Les fêtes de fin d'année sont passées. Tout va bien.

Samedi 7 janvier

Escapade en terres creusoises non loin de Chambon sur Vouèze et du célèbre Casino d'Evaux Les Bains. Bourgades charmantes que je découvre sous un beau soleil d'hiver.

Nous bénéficions de l'accueil chaleureux de nos hôtes. Nous passons une journée agréable en compagnie de Gaagii et de ses propriétaires. Nous avons retrouvé un poulain bien intégré dans son nouvel environnement, tout aussi docile que quand il est parti. Mais il est tout bourru car paré de ses longs poils d'hiver protecteurs. Il faut dire que les jours précédents avaient été particulièrement froids et neigeux dans ce petit coin de campagne non loin des montagnes Auvergnates.

Il grandit bien. Les nouvelles régulières sont bonnes. Nous n'en demandons pas plus.

Merci à Aurélia et Erick.

Dimanche 8 janvier

Des questions se posent. Des décisions sont prises. L'élevage va –t-il prendre davantage de place dans nos vies ?

Mercredi 11 janvier

C'est le renouveau aux Ecuries Las Benex sur bien des aspects.

D'abord, nous changeons de gabarit. La petite recrue qui va bientôt poser ses valises chez nous sera une ponette pie. Eh oui… ! Mais cette fois-ci ce n'est pas une Ch'ti… elle a l'accent du Sud-Ouest, et la senteur des pins des Landes !

Elle devrait arriver courant février, précisément le week-end du CSI[1] de Bordeaux.

Ensuite, un joli programme se dessine avec l'arrivée de poulains en perspective pour 2018. Les poulinages se préparent un an à l'avance, exactement onze mois et onze jours avant pour ce qui est des juments. Sans parler, en amont, des séjours et autres trajets au centre d'insémination.

Pour nous, l'anticipation est bien plus longue puisqu'il faut réfléchir au choix des différents étalons comme je vous l'avais expliqué dans « Le rêve d'une passion ».

Samedi 14 janvier

Il a neigé. Un rayon de soleil nous éblouit sur ce tapis neigeux apaisant mais qui sera éphémère.

---

[1] Concours de sauts d'obstacles International.

Mercredi 25 janvier

Fatinka est à l'âge où l'on peut commencer le débourrage. Elle se retrouve pour la première fois avec le surfaix[2] qui serre un peu le ventre que l'on appelle le passage de sangle. Elle n'aime pas spécialement cette nouveauté mais le montre gentiment. Pas glop ! Là, je crois qu'elle nous déteste et ne comprend pas. Il faut y aller tout doux.

Lundi 30 janvier

Et, cerise sur le gâteau, « the icing on the cake », comme on dit Outre-Manche, grand bouleversement dans notre vie, Christian valide son diplôme de technicien dentaire équin, après une formation en Normandie de six mois. Ainsi, 2017 est l'année des bouleversements puisque Christian fait un tournant à cent quatre-vingt degrés quant à son activité professionnelle. C'est aussi beaucoup de questionnements, des

---

[2] Large courroie, entourant le thorax du cheval ou d'un animal de bât, servant à fixer une couverture, une selle à laquelle la longe peut être accrochée.

interrogations sur notre quotidien également puisque tout part de zéro avec l'incertitude du bon fonctionnement de cette nouvelle entreprise. Mais, les changements sont aussi des moteurs qui font avancer et stimulent.

Février

Un mois riche et intense !

Mercredi 1er février

Le travail en longe est amorcé pour Fatinka qui fait preuve d'un flegme que même un britannique aurait du mal à copier. Elle reste fidèle à l'image qu'elle renvoie lorsqu'elle est en liberté. Petit à petit, elle va apprendre. Ce n'est que le début des apprentissages.

La petite Bordelaise ne va pas tarder à arriver.

Vendredi 3 février

Nous prenons la route pour Bordeaux avec le van. La petite doit préparer ses valises et nous attendre. Nous allons la chercher non loin de Biscarosse alors qu'une grande tempête sévit sur le sud-ouest, mais nous sommes habitués aux conditions climatiques extrêmes quand il s'agit d'aller chercher nos nouvelles camarades à quatre pattes.

Le périple est tourmenté : les arbres tombent sur la route, nous sommes tout de même un peu inquiets. D'ailleurs, nous avions prévu d'aller faire une visite à Bohitika, avec l'accord de sa propriétaire, mais nous y renonçons car l'avis de tempête est vraiment localisé sur les Landes et Lacanau. Nous ne voulons pas prendre de risques inutiles.

Le CSI de Bordeaux, qui se tient ce week-end nous permet de revoir les plus grands cavaliers mondiaux. Spectacle fabuleux et bonne leçon de savoir-être et de savoir- faire équestre. Patrice Delaveau, cavalier français d'obstacles participe au jumping international de Bordeaux. Son épouse, Sabrine Delaveau dédicace son livre « Jours de Conquête ». La tentation est trop forte de lui demander une dédicace pour Christian. C'est chose faite. Nous nous sentons toujours timorés et tous petits dans ce genre de situation face à nos modèles et grands champions.

Dédicace

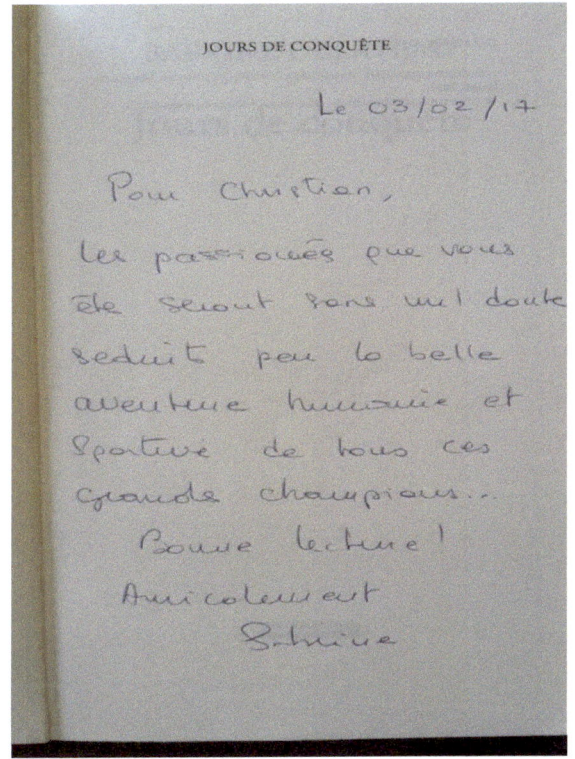

Samedi 4 février

Aujourd'hui, c'est la rencontre avec notre nouvelle recrue. Ponette semble-t-il douce, gentille et docile... Nous rencontrons une famille, un jeune couple avec son petit garçon et leurs chevaux tranquilles dans les paddocks. Le sol est sableux, nous sommes en bord de mer.

Un grand bol d'air iodé ébouriffant à Biscarosse. Un bon break, même s'il est de courte durée, idéal pour regonfler les batteries... en attendant les vacances d'hiver dans quinze jours qui seront les bienvenues et propices pour s'occuper de la cavalerie qui s'agrandit.

Dimanche 5 février

De retour chez nous avec notre première mini portion. Le voyage s'est déroulé sans encombre. Pourvu que les plus grands sachent accueillir comme il se doit la petite nouvelle qui vient étoffée le troupeau et qu'ils ne vont pas nous faire honte. En plus, c'est encore un bébé. Elle n'a que trois ans.

J'en oublierais presque les présentations. Elle s'appelle Elzanne, Elzanne Hapshot. Elle a trois ans. De plus, elle est homozygote sur le gène tobiano qui donne la couleur pie. Nous ne l'avons pas choisie par hasard.

Nous sommes rentrés tôt. Une bonne après-midi à s'occuper des jeunes et des moins jeunes qui méritent également toute notre attention.
La journée se termine. Des moments qui nous permettent de repartir sereins et détendus au boulot demain matin.

Mercredi 8 février

Les prémices de l'intégration au nouveau troupeau montrent l'inquiétude des uns, la curiosité des autres. Il faut prendre ses repères, se faire accepter. La petite, calme avec sa famille landaise, commence à dévoiler son petit caractère, elle saura assurément trouver sa place.

Vendredi 10 février

Les premiers jours d'Elzanne chez nous, se passent tranquillement dans un petit paddock pour qu'elle s'adapte et qu'elle se familiarise à son nouvel espace de vie. Nous la manipulons pour qu'elle s'habitue à nous.

Elzanne, très bien éduquée, connait toutes les bases du jeune cheval. Elle n'est pas encore débourrée, bien sûr, mais elle est très respectueuse de l'homme. Elle a néanmoins un caractère assez affirmé et si quelque chose l'ennui ou ne lui plait pas, elle sait bien le faire comprendre. La demoiselle n'aime pas rester inactive et trépigne d'impatience comme un enfant capricieux si on ne s'occupe pas de lui ou que l'attente est trop longue, qu'elle soit attachée ou seule fermée dans le box.

Dimanche 12 février

Après trois jours seule mais à proximité des autres - il faut pouvoir se sentir à travers la clôture, se toucher, ce qui provoque certains couinements et manifestations hostiles - nous l'intégrons au milieu des juments. Il a fallu se faire une place, se faire accepter dans le troupeau comme un nouvel élève qui arrive dans une nouvelle école, une nouvelle classe. Les premiers jours peuvent être source de stress.

Mercredi 15 février

Commence le pré-débourrage de Fatinka avec toutes les étapes nécessaires. Sa nonchalance est toujours de mise.

Il faut que je m'applique pour la tourner en longe le jour où Christian la montera la première fois sur la carrière. Le maître mot : la faire avancer pour qu'elle ne réfléchisse pas à une stratégie ou quelque ruade qui risquerait de faire chuter son cavalier. En l'occurrence mon compagnon.

Je m'y emploie. Je suis presque plus épuisée qu'eux à la fin de l'heure car son côté placide demande d'avoir de l'entrain pour elle, pour la faire remuer. En fin de compte, tout se passe bien. Elle est maintenant tranquille jusqu' à l'année prochaine voire plus.

Ce soir nous soufflerons les bougies de Christian.

Vendredi 17 février

Mélanie, notre « nièce » de cœur, vient monter et travailler Comédie cette après-midi.

Météo oblige, après deux mois de repos, je reprends du collier avec Ouvatu. Christian l'a monté deux fois pour me le remettre en route.

Une séance de travail agréable. La semaine, je suis en vacances, je vais pouvoir le travailler et m'en occuper davantage. Il fait un peu frais ; il retourne au pré tout guilleret. Il se roule dans la boue avec sa couverture et part en ruades. En bref, un cheval heureux… !

Lundi 20 février

Maintenant, que Christian est installé en tant que technicien en dentisterie équine, nos chevaux ont un professionnel sur place pour s'occuper d'eux. Voici le tour de Comédie. Elle se laisse faire, elle est docile. Peut-être comprend-elle que c'est pour son bien !

Le matériel n'a rien à voir avec celui du dentiste pour les humains : bruyant, douloureux (moins qu'autrefois mais tout de même, ces choses restent ancrées dans notre subconscient). Non, le matériel pour la dentisterie des chevaux est imposant mais pas douloureux pour eux. Au pire, la fraise leur chatouille la langue et le bruit du moteur de la batterie est presque inaudible.

Mardi 21 février

Elzanne marche correctement en longe et nous suit comme un petit chien même en liberté. Elle y a été habituée par ses anciens propriétaires. C'est appréciable.

Jeudi 23 février

Le pré-débourrage d'Elzanne se passe bien. Comme pour les autres, le travail en longe sur la carrière est régulier mais peu intense. Puis, nous l'habituons à la selle pour qu'elle l'accepte progressivement. L'objectif est atteint.

Goshka et Indiana devaient pouliner mais, malheureusement, 2017 sera une année blanche. Nos espoirs se portent maintenant sur l'année prochaine.

Vendredi 24 février

Un nouveau métier, de nouvelles rencontres, une vie orientée de plus en plus cheval pour Christian et par ricochet pour moi aussi puisque les discussions vont aller bon train sur les chevaux et leurs propriétaires qu'il va rencontrer dans le cadre de son travail.

Les premiers rendez-vous sont pris. Nous sommes optimistes et heureux de ce pas en avant. Je vous avais dit au début du premier tome que cette nouvelle orientation professionnelle était finalement « Un mal pour un bien ». Ce domaine qu'il aime par-dessous tout lui permet d'exercer un métier auquel il n'aurait jamais pensé il y a quelques années. Il fallait retrouver un poste ou se reconvertir. Facile à dire mais lorsqu'on y est confronté, ce n'est pas facile à faire. C'est ensemble que nous avons construit ce beau projet, non sans difficultés. Il faut faire face aux inquiétudes

des parents, à l'incompréhension de certains, aux soutiens appuyés par d'autres et de bonne augure, monter des dossiers, les défendre, se délocaliser pendant quelques mois pour se former.

Ce fut une période fatigante pour nous deux. Pour Christian beaucoup de route, des connaissances à apprendre, se familiariser avec de nouvelles compétences. Pour moi, j'étais bien entourée mais je restais seule, l'inquiétude sur les routes, partir au boulot le matin, vérifier que la cavalerie allait bien… Oui, il ne s'agit que de quelques mois, mais qui nous ont pompés beaucoup d'énergie surtout entre octobre et décembre avec les petits aléas du quotidien. Fatigante certes, mais aussi particulièrement fructueuse et enrichissante en termes de rencontres, de découvertes, d'apprentissages, de motivation pour réussir et s'engager dans une direction tellement insoupçonnable il y a un an.

Et les premiers contacts, les premiers rendez-vous arrivent… un nouveau départ avec une nouvelle activité et une nouvelle vie aussi.

Maintenant, il sillonne les routes de nos belles régions et villages. Les bureaux en costard cravate ont laissé la place aux blouses de protection et chaussures de sécurité dans les écuries de propriétaires, les centres équestres, les boxes de petits éleveurs comme nous ou de particuliers ayant un ou deux chevaux dont ils prennent soin.

Il est comblé par cette nouvelle activité. Même s'il faut bien le dire, jusque-là, il ne savait pas ce que travailler dehors signifiait et la période hivernale est un peu dure à appréhender. Lui qui ne supporte pas le froid, la pluie et autres intempéries, il n'hésite pourtant pas dorénavant à passer ses journées à travailler en extérieur et aussi parfois en représentation lors de différents CSO du coin ou plus éloignés de chez nous pour faire connaître son activité.

Pour l'instant, et pour un démarrage d'activité tout se passe bien et ses clients semblent satisfaits.

Samedi 25 février

Il fait froid et humide ce matin. Drôle de sensation et le spectacle est surprenant en voyant Elzanne, Fatinka et Comédie lovées sur le sol, couchées en épi toutes dans le même sens avec leur couverture d'hiver. Une bonne grasse matinée, ça recharge les batteries.

Dimanche 26 février

Hier, Fatinka a supporté un cavalier pour la première fois sur son dos. On peut s'attendre à toutes sortes de réactions. Finalement, rien ne bouge. La jument reste calme. Tant mieux.

Aujourd'hui, c'est au tour d'Elzanne d'accepter ou non une cavalière, je vais servir de cobaye. Christian m'a demandé de me mettre en selle sur la ponette. Pourvu qu'elle ne bouge pas. Elle est encore toute jeune. Comme nous, lorsque nous ne connaissons pas quelque chose nous sommes craintifs, et bien eux aussi. Je n'ai pas envie de faire du rodéo. Visiblement, Elzanne non plus. Nous sommes sur la même longueur d'ondes. Tout va bien.

Mars

Le printemps nous gâte !

Vendredi 3 mars

Ce matin, beau soleil. Le temps est idéal pour faire un footing. Régulièrement, je prends mon portable surtout lorsque je pars seule pour me rassurer ou prendre des photos afin d'immortaliser certaines scènes mais là nous y allons ensemble avec Christian. Je laisse cet objet de communication à la maison. Inutile de s'embarrasser de cet outil envahissant de nos vies quotidiennes. Profitons pleinement de la nature et de notre présence mutuelle.

Donc, pas de photo à l'appui mais lorsque running rime avec plaisir des yeux... que demander de mieux : du côté du plan d'eau de Jonas, des grues par centaines sont posées dans un champ. Elles sont au repos, font sécher leurs plumes au soleil à quelques mètres de nous. Nous nous approchons et les observons quelques temps. Elles ne bougent pas et se laissent admirer.

Puis quelques-unes commencent l'échauffement, s'envolent ou partent en éclaireurs ! Nous repartons, heureux de ce spectacle que nous a offert la nature et qui nous a fait oublier les difficultés de la course à pied. Nous arrivons sur un chemin, dans un bois et les voilà juste au-dessus de nos têtes. Nous pourrions presque les toucher. Elles viennent de prendre le départ. Elles tournoient, font comme un tourbillon, elles cherchent le bon courant qui va les porter vers les contrées du nord. Petit à petit, elles prennent de la hauteur, s'organisent et forment le V du vol réussi.

Ce sont des petits bonheurs, mais tellement salvateurs et réconfortants pour nos cerveaux toujours en ébullition.

De quoi passer une bonne journée.

Ces instants-là sont magiques et précieux. C'est mon côté romantique et bucolique sans doute !

Lundi 20 mars

Je laisse Christian et nos chevaux toute la semaine. Nous sommes partis avec quatre collègues et cinquante de mes élèves de seconde en voyage au pays des tulipes, des moulins, de l'édam, des bicyclettes et des canaux. Amsterdam nous attend.

Vendredi 24 mars

De retour de mon voyage scolaire à Amsterdam. Nos chers petits, adolescents en puissance ont été adorables et le séjour riche en visites et découvertes s'est particulièrement bien déroulé. Un soleil resplendissant nous a accompagnés malgré le froid et le vent. Une expérience que je menais pour la première fois. Des préparatifs lourds, une vigilance jour et nuit sur place nécessaire qui engendrent beaucoup de fatigue. Mais je suis prête à recommencer et je crois que mes collègues aussi. Adolescents et adultes ont apprécié le voyage. Ce fut une belle expérience du vivre ensemble.

Nous sommes vendredi, c'est le retour. Christian m'a récupérée au lycée ce matin à 11h.

Nous rentrons, j'ai tellement de choses à lui raconter. Je m'installe confortablement sur le canapé. Ce n'est pas aujourd'hui que je vais monter Ouvatu ou voir mes équidés. Je me réveille le soir à 19h. Les heures de sommeil ont manqué et le stress de l'année de préparation et du voyage est en train de retomber.

Quatre de nos juments vont s'investir dans leur rôle de poulinières l'année prochaine. Une idée que nous avons examinée avec attention puisqu'elle engendre du plaisir mais aussi d'autres contraintes. Idée et réalité qui nous sied bien.

Par ailleurs, Christian s'est inscrit et a commencé sa formation de juge modèles et allures jeunes chevaux. Son engagement dans le domaine de l'équitation se concrétise et prouve son engouement pour ce sport dans lequel il baigne néanmoins depuis tout petit contrairement à moi qui ai commencé l'équitation plus tardivement. Il doit y avoir quelque chose dans mes gènes, une volonté inconsciente du retour aux sources.

C'est peut-être ce que j'ai envie de croire puisque mon grand-père avait fait son service militaire dans la cavalerie en 1914 ; le jour de l'Armistice il était d'ailleurs resté à cheval toute la journée ! C'était il y a presque cent ans.

Avril

Allers-retours...

Année 2017, se déroulera sans naissance et nous n'aurons pas la joie de voir de petits poulains jouer dans nos prés. Indiana et Goshka ont dû avorter pendant l'hiver. Elles restent malgré tout en forme. Là est l'essentiel !

Samedi 1er avril

La saison de monte démarre la semaine prochaine, lundi matin première insémination aux Ecuries de la Tuilière pour Indiana et Fatinka.

Nous allons poursuivre le débourrage d'Elzanne, la ponette. Elle apprend, comprend et progresse très vite. Comme à l'habitude, l'éducation se déroule progressivement : connaissance du mors dans la bouche mais juste quelques minutes avec le filet puis la selle sur dos. Vient ensuite le poids du cavalier sur place ; Elzanne pourrait devenir ma future petite jument, j'ai donc fait ce travail. Alors, elle a été mignonne et n'a pas bougé. Le travail en longe s'est également fait sans incident.

Elle avait néanmoins de bonnes bases d'éducation. Elle marche bien en longe, suit son maître gentiment.

C'est une ponette intelligente, qui apprend vite.

Drôle d'allure toutefois, nous ne sommes habitués ni l'un ni l'autre aux poneys.

Maintenant, qu'elle connaît quelques rudiments de son futur métier, Elzanne est tranquille pendant quelques temps. Elle pourra mettre en application ses apprentissages et compétences d'ici un ou deux ans car nous prévoyons de lui faire faire un poulain pour 2018.

Mercredi 5 avril

Il faut trouver un(e) cavalier(e) qui monte bien, pas peureux. Nous ne voulons pas risquer de transmettre des frayeurs à cette jeunette et la faire démarrer avec des craintes. Plusieurs possibilités mais avec les impératifs de temps, d'horaires… c'est Ophélie, une jeune amie cavalière et amie qui nous va nous aider et s'y employer.

La première séance en selle se déroule très bien, aucun souci, pas d'écart, pas d'émotion intempestive de la ponette. Elle découvre. Elle semble assez sereine dans sa tête et surtout respectueuse.

Lundi 10 avril

C'est une période où la concertation et les discussions sont animées. Chacun donne ses arguments. Que faisons-nous avec Fatinka ?

Une chose est certaine, elle est née chez nous et il est hors de question que nous nous séparions d'elle. Surtout, elle correspond aux critères que nous affectionnons et que nous avons toujours désiré obtenir en commençant notre élevage, en l'occurrence, elle est bien tâchée.

C'est une jeune jument, donc mes capacités de cavalière me permettent de m'occuper d'elle au box, à pied, en longe mais pas en selle pour le moment.

Christian ne peut pas monter à la fois Comédie et Fatinka. Nous décidons que cette dernière pourrait faire un poulain avant d'endosser sa casquette de sportive. En plus, elle est homozygote pie donc sa progéniture ne pourra être que pie.

A Bordeaux, à la présentation d'étalon nous avions repéré le jeune Andain du Thalie par Calvaro et Quick Star, monté en CSI YH (Young Horses) par Alexis Borrin[3] pour les initiés. Il sera l'heureux élu.

Mercredi 19 avril

Ce sont les vacances de Pâques. Il fait beau.

---

[3] Alexis Borrin : cavalier dont l'écurie est installée dans le Nord de la France (élevage, travail, valorisation des jeunes chevaux, cavalier de sport de haut niveau)

Nous avions cherché et trouvé une petite cavalière suffisamment aguerrie, pas peureuse pour le débourrage de notre petite ponette de 1,44m. Ophélie a accepté tout de suite de poursuivre le travail préalablement engagé et nous l'en remercions puisque sa douceur, sa patience ont réellement porté leurs fruits. Elzanne a été obéissante d'abord en longe puis comme Ophélie avait de bonnes sensations, Christian les a libérées de ce carcan et tout s'est bien déroulé.

Alors parlons maintenant d'Ouvatu. Celui-ci me fait de plus en plus plaisir car la complicité que nous n'avions pas forcément auparavant se développe. Cela se mérite et se travaille. Par ailleurs, de plus en plus à l'aise avec lui, nous nous faisons confiance mutuellement.

J'en parle depuis quelques temps mais ne parviens pas à franchir le cap qui me ferait beaucoup de bien. Je veux parler de l'éventualité de prendre des cours avec une copine avec une jeune monitrice que nous connaissons bien. Cela serait une possibilité pour moi de monter avec quelqu'un et de partager ce passe-temps, puisque nous le faisons que très rarement avec Christian. Je monte seule à la maison depuis que je ne vais plus en club c'est-à-dire quelques années maintenant.

Samedi 22 avril

Elzanne et Ophélie sont bien assorties. Le travail est constructif, se fait patiemment et sans brusquerie. La ponette acquiert de bons automatismes pour dans deux ans.

Samedi 29 avril

Des pauses hors de la maison et de la région sont utiles même de courte durée pour le bien-être de tout le monde.

Deux jours à l'Ile d'Oléron... et nous repartons du bon pied. Le père de Christian, comme d'habitude lorsque nous nous évadons, nourrira et aura un œil attentif sur les éventuels problèmes qui pourraient survenir avec les chevaux. Il est mis à contribution à chaque fois que nous partons et cela lui plaît et l'enchante.

Dimanche 30 avril

Retour de Fatinka des Ecuries de la Tuilière. Quatre juments sont mises à la reproduction. Donc, en ce moment, on ne compte pas les allers-retours entre le centre d'insémination et la maison. L'élevage c'est aussi ça et se décline en plusieurs étapes : la surveillance des chaleurs des juments ; les voyages avec le van au centre d'insémination ; les vérifications avec les échographies ; la présence accrue auprès des juments avant la mise bas ; le poulinage ; le suivi et l'éducation de base des poulains.

En résumé une occupation qui s'étale sur toute une année.

Mai

Bons présages : le mois des échographies !

Lundi 1ᵉʳ mai

Comédie nous fait toujours son show. Elle doit avoir un nom prédisposé[4].

A pied, il n'y a rien à redire. Elle est si docile, agréable et câline en longe. Montée, les séances se déroulent toujours en dent de scie. Mademoiselle montre sa délicatesse et qu'elle peut être compliquée.

Mélanie, cavalière jeune chevaux, accepte de la monter un jour par grand beau temps, toutes les conditions sont réunies pour que tout se passe bien. Comme à son habitude, la jument est parfaite, saute bien et sans crier gare fait un dérobé des plus inattendus qui fait chuter la cavalière. Elle remet le pied à l'étrier

---

[4] Jouer la comédie : feindre, faire semblant

pour reprendre la séance qui se termine dans le calme et sans dommages collatéraux.

Cela pour dire que cette façon de montrer son désaccord, pour des raisons que nous ignorons, car la jeune cavalière n'a pas brusqué la jument, n'a rien fait qui pouvait la braquer, est assez déstabilisant. Comédie fait semblant d'y aller pour finalement dire stop à sa façon.

Il faut prendre une décision pour faire avancer les choses car une perte de confiance mutuelle entre Christian et la jument n'entraînerait rien de bon pour la suite du travail à l'obstacle.

La décision est prise de faire travailler Comédie avec un cavalier professionnel pendant une semaine.

Mardi 2 mai

Le travail complice entre Elzanne, la ponette, et Ophélie s'est déroulé sur trois semaines. Toutes les conditions étaient réunies puisque le soleil nous avait fait l'honneur de sa présence. Maintenant, toutes deux vont vaquer vers d'autres activités.

Elzanne est partie avec Goshka aux Ecuries de la Claise à proximité de Châteauroux. Souvenez-vous, nous y avons déjà amené Indiana, il y a quelques années. Ils ont des étalons sur place et pratiquent la monte naturelle. Son compagnon et futur papa de son bébé sera un joli poney au doux nom de Meeping Cha de Florys.

Goshka a été échographiée. Tout est parfait. Labrador de Brekka a bien fait son travail.

Vendredi 12 mai

Nous recevons des nouvelles d'Elzanne. Elle a rencontré Meeping Cha ce matin. Nous aurons le résultat dans deux semaines.

Mardi 16 mai

Christian a travaillé en Charente pour prendre soin des dents des chevaux de l'élevage des Laquais. Il a eu le plaisir de retrouver Dachachuk Las Benex. Il a maintenant quatre ans, il est en pleine forme.

Mercredi 17 mai

Aujourd'hui c'est ma fête ! Information qui n'a guère d'importance.

Les 1ères échographies donnent de bons résultats avec de belles confirmations : Fatinka est pleine d'Andain du Thalie du haras de Brullemail. Pour Goshka, c'est Labrador de Brekka, le futur papa du petit à venir.

Lundi 29 mai

Elzanne, la dernière arrivée, accompagnée de Goshka était partie aux écuries de la Claise. Goshka est revenue à la maison quant à Elzanne elle est restée là-bas.

Elle y restera seule dans un nouveau troupeau. Qu'ont-ils dans leur tête à ce moment -là. Non, ils ne réfléchissent pas comme nous mais il lui a tout de même fallu s'adapter et s'intégrer à un autre lieu alors qu'elle n'était chez nous que depuis quatre mois. Résultats des courses peu réjouissants, Meeping Cha n'est pas au goût de la ponette et Elzanne devra rentrer à la maison vide[5], en bref avec aucune intention de devenir maman ! Elle sera restée dans l'Indre deux mois.

Le même jour, Comédie part au centre équestre local. Elle y restera jour et nuit pendant une semaine. Elle sera travaillée par un professionnel, habitué aux parcours d'obstacles. Tous les jours la jument sera montée par ce cavalier. Chaque séance est observée attentivement par Christian. Nous nous rendons compte que Comédie fait ses tentatives de dérobé, essaye d'esquiver l'obstacle à certains moments mais son cavalier, ne la suit pas dans ses idées et l'amène qu'elle le veuille ou non sur l'obstacle et le franchit. En résumé, il ne lui laisse pas le choix, elle doit coopérer. A la fin de la semaine, la jument faisait son petit parcours sur la carrière sans rechigner.

Il ne fallait pas en rester là et poursuivre le travail accompli pour l'aboutissement des démarches engagées. Christian décide de prendre des cours avec ce même cavalier :

---

[5] Jument vide : jument qui n'a pas été fécondée

initiative qui a porté ses fruits et donné de bons résultats. Les conseils vont dans le bons sens, il faut tenter de les suivre ce qui mène Christian à la monter différemment et aussi de la piloter en montrant davantage de confiance et en étant plus affirmé.

Juin

Attentes et confirmations !

Vendredi 16 juin

Cette période est particulière. Entre les chaleurs des juments, les échographies de contrôle des unes et des autres, il faut avoir un calendrier sous la main pour ne rien oublier. Tout est question de calcul. Les résultats des échographies après les inséminations sont toujours des moments délicats, de stress et sont attendus avec impatience.

De confirmations, en désillusion. La nature fait aussi bien les choses. C'est elle qui décide. Deux des juments sur les quatre sont pleines[6]. Un troisième diagnostic va tomber demain.

---

[6] Jument pleine : jument gestante

Samedi 17 juin

Pour Elzanne, il va falloir se montrer encore un peu patient. On repart pour trois semaines d'attente.

Retour vers les terrains de concours en tant que spectateurs. Nous avons toujours plaisir à aller voir concourir les jeunes cavaliers que nous connaissons. Grands classiques de la région comme à Ambazac qui a retrouvé ses lettres de noblesse après les péripéties Ambazacoises du printemps 2014 et du renouveau salvateur !

Mercredi 28 juin

Trois sur quatre. De retour des Ecuries de la Tuilière, Christian revient avec Indiana avec un large sourire. Pour Indiana, nous avons choisi Ha L'Amour du Cense d'Heure, étalon pie et de surcroit homozygote.

Après Goshka, Fatinka et Indiana, nous attendons et ce sera au bon vouloir d'Elzanne.

Juillet

Nouvelles expériences !

Dimanche 2 juillet

Les débuts de Christian dans sa nouvelle profession se passent plutôt convenablement. Bien sûr, comme pour toute activité nouvelle, il faut se faire connaître et faire parler de soi. Un bel article est paru dans le Populaire du Centre avec un titre éloquent et sans équivoque : « Très à cheval pour une bonne dentition ».

Jeudi 6 juillet

Débutent les grandes vacances !

Pour les amis proches qui ont des enfants avec une première expérience à poney et qui apprécie les chevaux et leur contact, nous proposons de faire une séance avec Ouvatu ou de venir s'occuper de Salsa pour les plus petits.

Ouvatu et les adolescents, c'est acquis. Par contre, avec les enfants plus petits c'est une autre histoire. Ouvatu, c'est une certitude n'aime pas les jeunes enfants ou tout du moins quelque chose le dérange et il prend peur.

Autant c'est un cheval vraiment gentil, il ne bouge pas pour le monter, pour la mise en selle (c'est aussi une question d'éducation) mais lorsque nous voulons lui mettre un enfant de huit ou neuf ans sur le dos pourtant coopératif, volontaire et désireux de monter à cheval, notre bel hongre devient fou voire même dangereux. Nous n'avons pas vraiment d'explication. Est-ce le fait de lui poser l'enfant sur le dos sans passer par la phase étrier qui le surprend ? Cela restera un mystère et nous ne renouvellerons pas l'expérience. Heureusement, les enfants, les parents (merci Isabelle, pour ton stoïcisme) n'ont ni paniqué ni crié, du coup le calme est revenu rapidement.

Tout cela pour expliquer que même avec le plus docile des animaux, il faut toujours rester sur ses gardes, la vigilance est le maître mot.

Par contre, plusieurs de nos connaissances ont de jeunes adolescentes qui montent ou montaient à cheval ou à poney à qui nous proposons de temps en temps de venir monter Ouvatu à la maison. Là, il n'y a aucun soucis, il fait son boulot et fait même tout ce qu'il peut pour les satisfaire. Il s'entend bien avec les adolescents et ils le lui rendent bien. Son âme de grand enfant, post adolescent refait surface.

Samedi 8 juillet

Mes séances très régulières portent maintenant leurs fruits. L'équitation c'est un pas en avant, un pas en arrière et puis quelque chose se débloque dans la tête du cavalier, dans la mienne en l'occurrence et on va de l'avant.

Dimanche 9 juillet

Les soirs d'été, nous ne nous lassons pas du ballet incessant d'Ouvatu et Salsa. Ils se suivent indéfiniment pour traverser le pré d'un bout à l'autre. Salsa devant, poussée par

Ouvatu qui veille à ce que la chorégraphie soit parfaite. Si Salsa ose à un moment dévier sa trajectoire (je crois que celle-ci aurait envie de rester tranquille) mon cheval lui barre la route ou revient la chercher pour la mettre dans le droit chemin. Mais, la scène se déroule toujours avec bienveillance et délicatesse. C'est très drôle et aussi instructif quant à la domination des uns sur les autres et la connaissance du caractère de chacun. Ils sont comme deux Inséparables, ces perruches colorées qui ne se quittent jamais !

Lundi 10 juillet

Belle surprise, nous sommes le dix juillet, date anniversaire à double titres : c'est donc une date anniversaire plurielle: jour de ma naissance et du départ soudain de mon père. Est-ce que le chagrin s'estompe ? En tous cas, il prend une autre forme. La vie est ainsi faite.

« Le rêve d'une passion », ce tome 1 qui relate la vie de nos chevaux, notre vie avec eux, est prêt ; il n'y a plus qu'à l'éditer. Cap difficile à franchir, on craint la façon dont les lecteurs, surtout les proches vont appréhender cet objet auquel ils n'étaient pas forcément préparés et pour le coup moi non plus.

Une belle surprise en ce matin du 10 juillet 2017. Nous sommes lundi. Ce sont les grandes vacances, je me lève, un petit paquet est posé sur la table. Je n'y touche pas, je suis en train de prendre mon petit déjeuner. Christian rentre. Il vient de nourrir les chevaux. Il me donne le petit paquet emballé dans du papier cadeau de Noël. Je l'ouvre. Et là, oui je pleure. Ce que je n'ai pas osé faire, ou du mal à faire, il me l'offre. Dans la foulée, il va chercher un gros carton dans lequel se trouvent une vingtaine d'exemplaires de « mon œuvre ». En plus, il est disponible sur deux sites de ventes internet bien connus. Le cap était difficile à franchir. Ce n'était pourtant pas l'envie qui me manquait. Fallait-il le garder précieusement sur la clé USB ? C'est fait, je suis heureuse lorsque je vois le livre broché avec cette belle couverture.

Maintenant, il faut le distribuer… bien sûr nos parents, nos amis les plus proches en sont les premiers destinataires. Se mettre à nue, accepter le regard des autres et leurs jugements Une lecture plurielle en est ressortie.

Globalement, de bons retours, ce qui fait, je ne vais pas le cacher bien plaisir. Pour certains, c'est l'émotion, la surprise et un bel engouement. D'autres se sont montrés enthousiastes. Une ou deux personnes n'en n'ont fait aucun commentaire. D'autres, proches pourtant, je le sais ne l'ont pas lu. Ce n'est pas grave. Cela fait partie du jeu. En tous cas, merci à ceux qui m'ont encouragée et qui ont pris le temps de le lire.

Mardi 11 juillet

Christian s'est inscrit au stage de modèles et allures où il rencontre un ancien employé des haras nationaux maintenant installé à son compte. Il gère un centre d'insémination en Creuse. Il a chez lui un étalon pie (issu de l'élevage Morinda) en pension et proposé en monte naturelle. Je n'y étais pas favorable, Elzanne en avait assez vu depuis le mois de février. Je me laisse convaincre. C'était la dernière chance. Entre février et juillet Elzanne aura battu le sol de quatre départements : les landes ; la Haute-Vienne, l'Indre et enfin la Creuse. La ponette a côtoyé la langue d'Oc, la langue d'oïl et voire même peut-être un peu d'américain avec Beth des Ecuries de la Claise.

L'essai est concluant. Elzanne mettra bas d'un poney pie au mois de juillet 2018. La persévérance est payante. Enfin, nous verrons bien d'ici quelques mois.

Vendredi 14 juillet

Cette année Le Global Champions Tour de Chantilly se tient le week-end du 14 juillet Nous faisons notre périple annuel. Nous y sommes presque chez nous et avons nos petites habitudes. Comme à Bordeaux, l'observation des cavaliers au paddock est une véritable leçon d'équitation que rien ne pourrait nous empêcher d'y assister... sauf peut-être un poulinage l'année prochaine... !

Mercredi 19 juillet

Echographie de contrôle pour Indiana aux écuries de la Tuilière. Le résultat positif avec une mise bas prévue le 24 mai 2018.

L'heureux élu est Ha L'amour du Cense d'Heure. C'est un jeune étalon de quatre ans. Il est homozygote[7] sur le gène tobiano[8]. Le nouveau-né sera à coup sûr un poulain pie noir ou bai.

---

[7] Le cheval transmet à coup sûr son gène tobiano (pie), donc même s'il est croisé avec un cheval uni, le poulain sera tobiano mais pas uni.
[8] Le gène tobiano est le gène le plus commun chez les pies.

Août

Carton plein ...

Jeudi 3 août

Ouvatu m'apporte de bonnes et nombreuses satisfactions. Même s'il est d'un naturel joueur et sûrement coquin. Il est tellement gentil et adorable avec nous. Il n'a aucun travers pervers ou malsain.

Samedi 5 août

Août nous offre une météo plus que chaotique. Christian commence à avoir un calendrier bien rempli.

Mercredi 9 août

C'est le matin, je nourris les chevaux et m'aperçois qu'Ouvatu se transforme en lion lorsque les granulés arrivent. Il a une attitude violente avec Elzanne qui se trouve fort heureusement derrière la clôture. Mais celle-ci peu farouche et toujours prête à se défendre lui jette les postérieurs, histoire de lui montrer qu'elle est petite mais que pour autant elle ne se laissera pas faire. Je n'avais jamais vu Ouvatu agir ainsi ! Lui si gentil d'habitude ! Un peu de jalousie dans l'air, qui sait !

Mercredi 16 août

Nous partons en vacances quelques jours aux Saintes-Maries-de-la-Mer, pays des petits chevaux gris Camarguais.

Samedi 19 août

Nous n'avons pas choisi cette destination par hasard. Cette terre où les gardians et manadiers exercent des métiers de passion au milieu de leurs troupeaux. Tout ceci nous renvoie l'un comme l'autre à notre présent mais surtout à notre passé et celui de nos familles respectives. Christian ayant passé lorsqu'il était enfant beaucoup de temps avec ses grands-parents cultivateurs. Et moi, fille d'agriculteurs ayant vu la propriété se développer et évoluer tellement. Mon père était dans le progrès et acceptait toutes les évolutions qui permettaient de faciliter le travail. Il était également coopérateur. Mes parents m'ont élevé dans cet esprit. Mon frère a ensuite pris la relève.

En bref, nos vacances au milieu des taureaux noirs bien différents de nos belles limousines nous procurent bien du plaisir et de l'admiration.

Dimanche 20 août

Retour sur nos terres Limousines et Ambazacoises en ce dimanche après-midi. Nos posons nos bagages.

Zoé est là qui nous attend dans la cour et ronronne de plaisir de nous retrouver.

Dès que nous ouvrons la portière de la voiture nous sentons cette odeur propre aux lieux d'accueil et de détention de chevaux. Cela nous a manqué.
Nous allons directement au pré, voir si tout va bien et si personne ne manque à l'appel.

Mardi 22 août

La rentrée approche, allez, il faut remonter dans le bureau pour être prête et caler les premières semaines de cours.
Cela laisse encore un peu de temps pour monter à cheval et en profiter. D'ici quinze jours, ce sera différent.
Christian est quant à lui reparti sillonner les routes de notre région et d'ailleurs. Les clients n'attendent pas.

Samedi 26 août

Quatre sur quatre ! Reprenons :
Elzanne, notre ponette de trois ans, homozygote tobiano est pleine du jeune trois ans Charismatic Morinda Z (haras de la Chanebière), lui aussi homozygote tobiano et homozygote noir. Un poulain pie assuré qui devrait naître aux alentours du 15 juillet 2018. Dans le jargon propre à l'élevage, ce sera un poney D[9].

---

[9] Poney D : taille comprise entre 1,41 et 1,48 m

Fatinka, notre pouliche née chez nous donnera également naissance à un poulain pie vers le 9 avril 2018.

Goshka est pleine de Labrador de Brekka monté en concours sauts d'obstacles international cinq étoiles par Julien Epaillard. Petit aparté, ce cavalier est mon chouchou français. Je l'ai déjà vu plusieurs lors de manifestations sportives de haut niveau. J'aime beaucoup sa façon de monter à cheval et j'apprécie d'autant plus son équitation que contrairement à certains il n'utilise pas d'embouchures « violentes ».

Leur poulain est prévu aux environs du 23 mars 2018. Il a 50% de chance d'être pie.

Pour Goshka, je ne sais pas si elle sera toujours présente aux écuries l'année prochaine. C'est un sujet que nous abordons régulièrement. Le manque de terrain, de surface en herbe n'est pas extensible et il n'y a pour l'instant pas de réelles perspectives de pouvoir acquérir un autre pré. Il est probable que si nous lui trouvons une bonne maison, Goshka pourrait aller vivre sa vie de poulinière dans une autre écurie ou une autre famille.

Indiana donnera naissance à un poulain 100% pie puisque le magnifique Ha L'Amour est lui-même homozygote. Le poulain qui nous l'espérons sera une pouliche naîtra vers le 24 mai 2018.

Lundi 28 août

Tout cela finit bien les vacances. C'est un carton plein pour nos poulinières. De beaux poulains sont à venir et nous avons hâte maintenant d'être au printemps 2018.

Mardi 29 août

Nous sommes ravis. Tout cela demande tellement de persévérance de la part de tous : nous qui pourrions baisser les bras, le centre d'insémination et le haras, les étalonniers. Disons que nous sommes tous partenaires et tous désirons que la saison se déroule convenablement pour des raisons bien entendues diverses puisque l'enjeu est différent pour les uns et pour les autres (commercial, sentimental, économique, passionnel, voire culturel).

Septembre

L'automne arrive !

Vendredi 1er septembre

C'est la rentrée des classes. Un nouvel emploi du temps assez chargé et réparti sur la semaine qui laissera moins de temps pour monter à cheval. S'il fait beau, il restera les week-ends.

Lundi 4 septembre

Nous avons reçu des photos.
Gaagii, encore lui ! Il est né ici donc sommes-nous réellement très objectifs ?
Ce beau petit mâle à la robe chocolat est à croquer. Il a l'air bien dans sa tête.

Samedi 9 septembre

Déjà une semaine de cours de passée.

L'année prochaine, à cette époque, nos poulains seront tous nés. Parfois, lorsque nous en discutons, je réalise que finalement entre le mois de mars et jusqu'à la mi-juillet, il sera difficile d'envisager de partir en voyage ou peut-être même en week-end. C'est un choix. Nous l'avons voulu tous les deux. C'est aussi un paradoxe car il m'arrive régulièrement d'évoquer ce sujet car j'aime découvrir, voir d'autres lieux et me nourrir d'autres environnements et en même temps nos chevaux font tellement partie de notre vie qu'il est difficile de les quitter. Lorsque nous partons, c'est un plaisir partagé de les retrouver.

Finalement, nous avons besoin des deux pour notre équilibre.

Dimanche 24 septembre

Nous n'en n'avons pas eu cette année car un couple de roitelet a élu domicile dans leur nid mais nous voyons que les hirondelles qui logeaient ailleurs, dans d'autres écuries, étables ou granges dans le village d'à côté, commencent à se rassembler. Les prémices de l'automne commencent à se faire sentir.

Samedi 30 septembre

Un petit vent de folie souffle sur les Ecuries Las Benex. Les juments montrent une énergie débordante. Christian a toujours peur qu'elles se fassent mal. Mais quel spectacle ! Elles sont en bonne santé et gardent l'esprit joueur.

De ruades, en cavalcades et autres sauts de cabris mieux vaut ne pas être sur leur dos. Espérons que les petits soient bien accrochés !

Ce soir, retour aux sources dans mon village. C'est le cochon à la broche organisé par le comité des fêtes de Saint Laurent Les Eglises. Une association dynamique porteuse de nombreuses festivités pour une petite commune comme celle-ci. C'est drôle, il y encore quelques années je connaissais tout le monde ou presque. Ce soir, je me sens un peu étrangère, de nouveaux habitants sont venus peupler la commune et les participants à la soirée n'habitent pas forcément là. Une bonne soirée néanmoins entre amis !

Octobre

Le soleil darde ses derniers rayons !

Lundi 2 octobre

Après une arrière-saison bien tristounette, le mois d'octobre et l'arrivée de l'automne nous a offert un décor aux couleurs de feu. Les oranges, les bruns, les ocres, les jaunes tout un arc-en-ciel de couleurs chatoyantes et gaies qui motivent nos envies de monter à cheval et de profiter de ces beaux jours que nous pensons être les derniers.

Samedi 14 octobre

Par une belle matinée d'automne, une bonne séance avec Ouvatu. Il s'est montré à l'écoute, attentif sous l'œil avisé de Zoé qui n'en a pas raté une miette.

Dimanche 15 octobre

Aujourd'hui Christian n'est satisfait ni de sa performance, ni de celle de Comédie. La jument n'est pas en avant du tout. Le cavalier n'est pas du tout à sa place sur les barres, ni avec la jument. Les sauts sont faits dans la précipitation. Il fait chaud et lourd. On va mettre tout cela sur le compte de la météo.

Jeudi 26 octobre

Après Salsa, la deuxième mascotte de la maison - je veux parler de Zoé - se délasse, se prélasse dans mes pots de fleurs pendant que nos équidés partagent un moment de verdure et savourent leur après-midi au pré après la séance de travail du matin. Tout cela sous un soleil appréciable d'automne.

Dimanche 29 octobre

Les journées sont plus courtes, changement d'heure oblige, mais qui nous laisse tout de même le temps de trotter, galoper au rythme de nos envies.

Novembre

Premiers frimas !

Dimanche 5 novembre

Les jours passent et ne se ressemblent pas en équitation. Notre petite Comédie s'est très bien comportée sur les barres. Aujourd'hui on dit qu'elle prend de la maturité. En sera-t-il de même demain ?
Une autre séance identique à la précédente. Grandirait-elle ?
L'air de la campagne de Razès au Moulin d'Aiguemarde a dû lui plaire.
J'ai pu m'accorder de bonnes séances avec Ouvatu pendant les vacances de Toussaint qui s'achèvent ce soir.

Mercredi 8 novembre

Premiers frimas : sur nos hauteurs des Monts d'Ambazac, à quelques kilomètres de chez nous, à Malty, Saint Léger La Montagne, Saint Pierre La Montagne, les premières neiges ont fait leur apparition. Ici, le froid se fait sentir également. Nous sortons nos vêtements d'hiver et il est l'heure de nous emmitoufler et de nous engoncer dans les doudounes et gros blousons chauds. Les chevaux se parent également de leurs poils d'hiver, il est temps de sortir les couvertures pour les protéger.

Pour Goshka, Indiana et Fatinka dont le ventre s'arrondit, les couvertures de l'année dernière paraissent un peu plus étroites. Il va falloir s'en procurer d'autres avec la progression de la gestation de nos protégées car elles risquent de se déchirer et aussi de gêner les juments dans leurs mouvements au quotidien.

Dimanche 12 novembre

Concours club à Razès aujourd'hui. Le temps n'est pas idéal, il pleut, il fait froid mais il en faut plus aux cavaliers inscrits pour se démobiliser. Les enfants de nos amis sont présents avec leur coach. Christian y est également, il assiste aux différents tours. Il est présent ici et sur d'autres manifestations équestres, car il doit se faire connaitre sur la région en qualité de technicien dentaire équin.

Samedi 18 novembre

Lorsque nous passons nos journées fermés dans l'enceinte du lycée quel délice de savourer une journée nature qui bien que fatigante et bien remplie remet les compteurs à zéro. J'ai fait un petit film de mon binôme en train de se délecter de sa ration de foin dans le box. Je crois que je vais la publier sur Facebook.

Vendredi 24 novembre

Fatinka souffre encore d'un abcès au pied, fragilité qui devrait s'atténuer lorsqu'elle sera ferrée. Le fer devrait la protéger davantage puisqu'elle a les pieds presque plats. Pour l'instant, il faut résister. Comme une personne s'endurcit au mal, Fatinka résiste, se laisse manipuler, soigner sans montrer de défense ni d'abattement. Nous la surveillons de près. C'est la petite de la famille, elle est née ici et va nous offrir nous l'espérons un joli poulain pie.

Décembre

Equitation et autres plaisirs !

Vendredi 1ᵉʳ décembre

Tout le monde est connecté ! Nous aussi !
Tout le monde y va de sa petite photo ce matin. Nous sommes en hiver et quelle surprise au saut du lit: lever du soleil sur un joli tapis blanc qui fait ressortir les barres colorées d'obstacles sur la carrière. On ne s'en lasse pas. La journée va bien commencer.

Vendredi 8 décembre

C'est le week-end du Téléthon. Dans la famille, c'est une cause qui nous tient à cœur. J'y participe depuis maintenant de longues années. Soit à titre personnel mais aussi avec mes élèves qui dans le cadre d'un projet mené plusieurs années d'affilées ont pu s'impliquer dans cette action solidaire. Avec Delphine, nous irons courir. Une manifestation est organisée à côté de chez nous.

Samedi 9 décembre

Aujourd'hui, nous sommes tristes. Nous venons d'apprendre la mort de Bohitika. Notre première petite pie bretonne que nous avions élevée jusqu'à son départ. Elle vivait à Lacanau. Une grosse déception mais malheureusement personne ne peut prévoir, ni n'est à l'abri d'un malencontreux accident. C'est ainsi, nous pensons bien entendu à sa propriétaire pour qui cette macabre découverte a dû être difficile à surmonter.

Dimanche 10 décembre

Après la nouvelle d'hier, difficile à accepter, il faut maintenant penser à l'avenir et aux nouveaux poulains qui arriveront en 2018.

Mardi 12 décembre

Pluie, pluie et encore pluie. Nos chers amis à quatre pattes ont bénéficié de belles vacances et nous les avons peu fatigués, la carrière est peu praticable. Heureusement que quelques endroits un peu moins humides restent accessibles mais les voir patauger ainsi dans la gadoue nous fait peine. Un côté rassurant et qui nous déculpabilise, quasiment tous les lieux où se déplace Christian pour son activité sont logés à la même enseigne. Les animaux attendent désespérément des conditions climatiques plus clémentes.

Samedi 23 décembre

Faute de monter à cheval nous nous en occupons à pied bien sûr. Nous varions aussi les activités.

Ce samedi et pendant toute la période des fêtes de fin d'année, Sarlat organise un marché de Noël à thème. Cette année c'est la Grande-Bretagne qui est à l'honneur avec tous ses clichés. Nous y allons et paradoxe s'il en est nous dégustons des escargots tout chauds avec un verre de blanc à côté du portrait de sa Majesté. Funny!

N'oublions pas que La Dordogne est la terre d'adoption d'Ehawee, notre « Alezane surprise » du 02 juillet 2014.

Mercredi 27 décembre

L'équitation sous toutes ses formes est bien représentée dans notre belle région. Chacun peut y trouver satisfaction entre le dressage, le saut d'obstacles, la monte western, en passant par le trec[10] ou l'endurance.

Mais, contrairement à ce que certains pensent, notre région propose aussi quantité de visites, de musées, de sites à découvrir. J'apprécie à chaque vacances de pouvoir me rendre dans un ou plusieurs de ces sites par curiosité et aussi plaisir de découvrir ce que notre belle région nous offre.

---

[10] Techniques de randonnée équestre de compétition

Aujourd'hui, je décide d'aller au Moulin du Got (site que je connais déjà pour y avoir emmené à plusieurs reprises des élèves dans le cadre de différents projets culturels) et j'embarque ma maman et la maman de Christian, les « Simone ». Je sais que l'exposition actuelle ne les laissera pas indifférentes. Il s'agit de robes de mariées en papier. Je ne me suis pas trompée. Elles ont apprécié les techniques et l'aboutissement de ce travail manuel d'artiste.

2018

Une année en demi-teinte mais constructive !

Janvier

Tristesse !

Une nouvelle année commence avec quatre poulinières en forme. 2018 sera l'année des naissances. Ce sera une première pour nous, quatre petits poulains à gambader dans les près. Tout paraît serein.

Mardi 2 janvier

La deuxième semaine des vacances de Noël débute. Il est 8h 30, je ne suis pas levée. Non, je ne suis pas du matin il faut bien le dire même si j'avoue que j'aime savourer pleinement mes journées. Christian ne travaille pas aujourd'hui. Il est allé nourrir les chevaux. Lorsqu'il rentre à la maison, il vient directement me voir pour m'annoncer que Fatinka est en train de perdre son poulain. Le réveil est brutal. La poche de liquide amniotique est sortie et les petites pattes du poulain sortent de l'utérus de la jument.

2018, que nous avions espérée sous le signe des naissances, commence mal. Une nouvelle année ne signifie pas que nous allons échapper aux aléas de l'élevage, ses bonheurs, ses craintes. Pourtant, l'annonce et la réalité sont difficiles à encaisser. La jument reste très digne et courageuse. Elle ne montre aucun signe de violence qui aurait pu être provoqué par les douleurs ressenties bien sûres probablement atténuées par les prescriptions du vétérinaire ou pour exprimer un mal-être. Les vétérinaires qui sont intervenus ont fait leur travail, un bon travail puisque oui nous avons perdu un poulain (pie bai, nous l'avons vu après) mais Fatinka est toujours là, plus vivante que jamais. C'est ça l'essentiel.

Vendredi 5 janvier

Nous allons chercher la jument à la clinique vétérinaire. Nous voyons l'embryon du poulain. Le poulain de jeune Andain du Thalie attendu pour avril avait déjà une belle taille et avait de belles tâches marron.

Samedi 6 janvier

Nous sommes aux petits soins pour Fatinka qui a besoin de repos. Elle va rester au box quelques jours avant de regagner le pré et rejoindre le troupeau.

Mercredi 14 janvier

Reprise des séances d'obstacle pour Christian et Comédie. Elle prend six ans cette année.

Après trois semaines de quasi vacances, la séance est courte ; c'est une remise en route en douceur. Cette coupure lui a fait oublier ses démons et en fin de séance, elle franchit un mètre vingt.

Dimanche 28 janvier

Aujourd'hui, il faut profiter du soleil. Comédie saute un mètre trente.

Février

...et la vie à l'écurie !

Samedi 10 février

L'hiver est long cette année, un véritable hiver avec de la neige et du froid. Les média ne parlent que des conséquences économiques de la neige. Aux automobilistes pourtant prévenus restés bloqués sur les routes... Mais qu'en est-il du climat ? Nous sommes en hiver au mois de février, quoi de plus normal, nous devrions nous réjouir à l'heure où le « il n'y a plus de saison » est dans toutes les bouches.

Les juments, Ouvatu et l'ânesse, notre mascotte Salsa sont toujours curieux de voir se dérouler le tapis blanc dans leurs prés. Cela aiguise leur envie de jouer. Le froid, ça émoustille. Les uns se roulent dans la neige de bon cœur pour se relever et repartir toutes ruades dehors et en cabrioles diverses.

Les autres s'amusent ensemble comme des enfants, je pense à Comédie et Fatinka. Les deux sœurs ne sont pas avares de ruades et de cavalcades. Au moins, elles nous prouvent leur bonne santé et leur bonne humeur. Elles ont le moral. Les plus vielles, restent autour de la botte de foin et se préservent.

Dimanche 11 février

Ce matin, je n'ai pu résister... Les skis de fond un peu poussiéreux ont repris du service. Je connais ce circuit par cœur mais impossible de résister et de ne pas s'arrêter en chemin pour admirer le paysage enneigé mis en avant par cette luminosité éclatante. De belles photos iront alimenter l'album 2018.

Samedi 17 février

Nous commençons à penser aux trois poulinages à venir. Respectivement : Goshka, Indiana et Elzanne. Il va falloir trouver des petits noms à ce joli petit monde.

L'épisode neigeux est passé. Nous surveillons Goshka de près. Elle est bien ronde et ses mamelles ont durci très rapidement. Son poulain est prévu pour la fin mars. Elle avait pouliné de Fatinka avec une semaine d'avance, si le schéma se reproduit, à la mi-mars le « petit Goshka » devrait pointer le bout de son nez.

Nous avons fait l'approvisionnement en foin et en paille... à proximité du box de poulinage pour ne pas être pris de cours. Il faut tout préparer à l'avance. Bientôt, d'ici deux ou trois semaines Goshka quittera ses congénères en fin d'après-midi pour rentrer au box et passer ses nuits tranquilles dans l'attente de son petit.

Samedi 24 février

Malgré le froid, les températures descendent de plus en plus bas et le vent vient accentuer la sensation de froid. Mais ce sont la fin des vacances, nous sommes samedi et après une jolie balade dans notre campagne avec les arbres encore nus, à mon retour, je prends Ouvatu en main juste pour le plaisir d'être ensemble.

Allez un bon pansage. Là, quelle surprise ! Ouvatu perd ses poils d'hiver à pleine poignée ce qui augure une fin d'hiver imminente. Généralement, c'est le signal. Cela fait déjà deux semaines que les grues remontent. Sont-elles complètement désorientées, perdues ? Enfin, deux éléments qui nous font espérer que le printemps arrive.

Mardi 27 février

Avec le froid, les rafales de vent, je décide de tourner en longe mon bel adolescent de quinze ans mais de cinq ans d'âge mental parfois, afin de le remettre au travail. Car, oui j'ai envie de monter, mais là après ces quelques semaines de repos involontaire (conditions météorologiques oblige, encore elles) Ouvatu a beaucoup d'énergie, et souhaite jouer plus que travailler. Le début de la séance est épique, je me laisse un peu dépasser mais petit à petit il se canalise et devient plus attentif. La séance ne durera pas trop longtemps. Mon coach, Christian, me conseille de le rentrer au box car la nuit et la journée suivante vont être fraîches, il faut éviter que le cheval transpire pour qu'il ne prenne pas froid, malgré la couverture.

Mars

Une arrivée prématurée !

Vendredi 2 mars

Le printemps arrive. Plusieurs ingrédients nous le laisse penser : un vol de grues hier soir, les chevaux perdent leurs poils d'hiver. Après un running bien arrosé nous allons observer des cigognes en fin de matinée posées non loin de chez nous.

Samedi 3 mars

Surveillance régulière et attentive. Goshka doit mettre bas d'ici fin mars. Son pis a gonflé rapidement ce qui laisse présager une naissance sans trop tarder. La jument rentre au box tous les soirs et sort la journée au pré. Elle en a besoin pour son mental.

Mardi 6 mars

Quel devenir pour Comédie. Les discussions vont bon train. Sa demi-sœur Fatinka, toujours à la maison et pour très longtemps j'espère - elle est tellement attachante, malgré son flegme - doit être débourrée et mise au travail. Ce n'est pas ce qui était prévu pour elle mais l'avortement qu'elle a subi nous fait envisager les choses autrement. Il n'est pas possible pour Christian de monter plusieurs chevaux et de s'en occuper correctement, l'activité cheval étant un loisir, et ses nouvelles activités professionnelles l'occupent à plein temps. Ce qui est de bon augure puisqu'une reconversion, quelle qu'en soit la raison n'est pas si facile sur bien des points : moralement, professionnellement, socialement.

Fatinka va donc entamer sa carrière de sportive alors que Comédie va devenir poulinière.

Samedi 10 mars

Dernier pas, dernier trot, dernier galop et dernier saut pour la belle. Comédie va prendre de longues vacances et devra dorénavant faire attention à elle. Le temps de se préparer et de nous offrir un joli poulain pour l'année prochaine.

Nos chevaux, quelques soient leur activité et leur rôle dans l'écurie nous comblent de bons moments et nous font de jolis présents lorsque naissent leurs petits. Tout cela constitue, certes une charge de travail, de stress aussi lorsque des problèmes surviennent, mais quel bonheur de les voir chaque jour actifs, sereins sous nos yeux.

Je monte Comédie aujourd'hui après sa séance avec Christian. Je l'avais déjà monté mais il y a quelques temps avec une certaine appréhension. Cette fois, je découvre une jument avec beaucoup de rebond au trot. Ce qui me change d'Ouvatu. Un grand plaisir, qui se renouvellera je suppose après sa maternité.

Mardi 13 mars

Journée de travail ordinaire. Nous sommes mardi. Je rentre un peu plus tôt du lycée qu'à l'ordinaire suite à un déplacement de cours. Merci à mes élèves ! Christian revient de sa journée de travail. Comme chaque jour, Goshka sort au pré. Tout va bien. Petit débriefing sur nos journées respectives. Les jours ont allongé. Nous pouvons à nouveau bricoler dehors et il y a du boulot. Christian prend ses outils pour tailler des arbres. Il faut prendre soin de notre pommier qui depuis des années portent les fruits qui nous permettent de faire et de nous régaler d'un bon jus de pomme et du cidre bouché que nous pouvons qualifier de bio sans honte. Ma mère nous en a donné son secret de fabrication que nous tenterons de perpétuer.

D'un coup, j'entends comme une agitation. Mais pourquoi crie-il ainsi et revient-il si vite ? « Vite, vite, Goshka est en train de pouliner ! », me dit-il avec un brin d'affolement.

Nous, si prévoyants à l'ordinaire. Là, rien n'est prêt puisqu'il reste encore du temps pour accueillir le petit ou la petite.

Tant que Christian s'active à rentrer la jument, heureusement le box est déjà paillé, je pars au cabinet vétérinaire chercher les sérums, seringues... nécessaires pour la protection du nouveau-né.

La mise bas s'avère difficile et éprouvante pour la jument. Le poulain est d'une bonne taille, ses membres plutôt gros rendent la naissance compliquée. Cela demande beaucoup d'efforts à la jument. Heureusement, Christian a pu la soutenir physiquement et sûrement moralement par sa présence. Moment de panique, la jument est faible et il m'appelle alors que je suis encore au cabinet pour demander l'intervention rapide du vétérinaire.

A mon retour, la pouliche est née mais reste attachée à sa mère par le cordon ombilical. Nous sommes inquiets, la jument tarde à se relever. Le vétérinaire ne devrait pas tarder. Le temps est long dans ces moments-là. Les efforts ont duré longtemps, Goshka a bien souffert. Tout le monde a eu peur.

Puis, comme nos animaux sont costauds et plein de ressources avec un instinct maternel développé, la jument se lève, enfin le cordon se détache. Nous savons que les choses vont maintenant se dérouler correctement. Tout va bien. La jument a repris ses esprits et des forces. Elle vient lécher sa petite en guise de câlins et de réconfort sans doute. Nous rappelons le vétérinaire pour lui dire de ne pas se déplacer.

La pouliche a mis longtemps avant de pouvoir se lever. Elle a besoin d'être aidée, bien pataude, pour se diriger et aller téter le fameux colostrum protecteur. Nous surveillons intensivement ce qui se passe dans le box pendant la soirée depuis le salon, et dans la nuit grâce à notre caméra. Cette technique permet de détecter s'il y a un souci sans déranger les animaux et leur provoquer un stress inutile. Nous observons que la petite se hisse sur ses longues pattes pour se lever et titube pour accéder au lait maternel, la maman l'accepte et se laisse faire. Tout va bien. Nous pouvons maintenant dormir sur nos deux oreilles.

Mercredi 14 mars

Nous avons fait une réunion hier soir dont le thème était : « recherche du nom imprononçable que nous allons donner à la pouliche qui vient de naître »

Cela nous amuse bien. Chacun fait sa petite liste. Condition sine qua none : que le nom soit à consonance Amérindienne. C'est notre particularité et comptons bien la garder.

Latsitsaa Las Benex Z est née avec dix jours d'avance. Elle est trapue. Hier soir, nous avons cherché les tâches sur sa robe. Nous n'en avons trouvé aucune. Ah, si ! Une, sur son bout de nez. Elle est baie comme son papa. Elle a hérité de la robe de Labrador de Brekka. En toute objectivité, elle est magnifique.

Aujourd'hui, les sms, les messages Facebook vont bon train. Il faut bien envoyer les faire-part de naissance.

Vendredi 16 mars

Latsitsaa va bien, et s'amuse beaucoup dans son box. Elle s'impatiente de pouvoir disposer de la liberté que lui donnerait la mise au pré.

Goshka a repris des forces et s'occupe de sa pouliche.

La météo reste pluvieuse. Le terrain est glissant. Lors des premières sorties, les poulains peuvent être vraiment tout excités et faire de grandes galopades de découvertes. Même si on ne peut pas éviter les possibles chutes, il vaut mieux les prévenir et oublier les premières sorties en terrain accidenté et détrempé.

Du coup, Latsitsaa attend patiemment de pouvoir découvrir la vie en plein air et de gambader librement dans l'herbe fraîche dès les premières accalmies.

Samedi 17 mars

L'Irlande est à l'honneur aujourd'hui. C'est ka fête de la Saint Patrick !

Lundi 19 mars

Le temps s'améliore. Nous pouvons faire sortir Goshka et Latsitsaa quelques minutes en fin d'après-midi. Moment que j'ai détesté et qui a provoqué du stress à tous : pouliche, jument et des amies présentes lors de ce fâcheux spectacle sans filet.

Ce fut très sportif. Habituellement, les poulains collés à leurs mères suivent et ne cherchent pas à s'éloigner. Eh bien, là, Latsitsaa n'écoute rien, ne suit pas sa mère, part de ci, de là, se jette dans les clôtures. La découverte de ce nouveau monde s'avère délicat. Ce flux de lumière peut-être trop intense la rend désobéissante et peu préoccupée par l'absence de sa mère à ses côtés. Les fils de clôtures résistent et sont infranchissables. Que d'obstacles déjà sur ce parcours jusqu'au pré !

En plus, Goshka ne nous aide pas. Les poulinières sont habituellement à l'affût du moindre faux pas et de l'éloignement de leur progéniture. Dans le cas présent, nous observons une jument impassible, qui n'appelle pas et n'incite pas son bébé à la suivre ou la rejoindre. Finalement tout le monde s'est retrouvé et le calme est enfin revenu.

En bref, cette première sortie s'est avérée compliquée pour tous les protagonistes.

Vendredi 23 mars

Latsitsaa, après des débuts au pré bien chaotiques et hésitants, commence à savourer les joies de la liberté au pré. C'est le palais de la découverte de la vie en plein air. Tout est prétexte pour s'adonner à des jeux et autres cabrioles.

Au début, à ses premiers jours parmi nous, elle était réticente à approcher l'humain, à se laisser toucher. Il faut laisser le temps aux poulains, être patient. Maintenant, elle se sent en confiance et ne demande qu'à se faire câliner, papouiller et gratouiller. En ce point, elle montre de réelles similitudes avec sa demi sœur Fatinka, la nonchalante (cf. « Le rêve d'une passion »).

Goshka, fébrile au début dès qu'elle n'avait plus la petite en ligne de mire (hormis de la première sortie du box), lui laisse davantage de liberté. Un simple hennissement maternel suffit pour que la pouliche soit au garde à vous et se rapproche pour revenir dans un périmètre de confort et toléré par sa mère.

Latsitsaa a trouvé une aire de jeu appropriée. L'abri, dans le pré, constitue pour elle la cabane où nous passions tant de temps lorsque nous étions enfant. Elle y passe de longs moments puis on ne sait quelle mouche la pique, elle part en longues galopades jusqu'à sa mère, fait des cercles, passe d'un pré à l'autre sans rater la porte pour revenir à sa cachette, petit nid pour se rassurer.

Lundi 26 mars

L'hiver aura été long, très long avec un printemps tellement maussade avec une pluie quasi incessante depuis six mois. Les terrains, déjà humides chez nous, sont impraticables. Christian, à travers son activité, se déplace beaucoup, d'écuries en écuries, d'élevages en élevages et me dit que les conditions sont difficiles pour tout le monde cette année. Cela ne console pas néanmoins ça rassure. On se sent moins isolé. C'est important.

Les chevaux cherchent la parcelle de pré, l'once de terrain où ils pourront se mettre les pieds au sec. L'herbe ne pousse pas, la quantité de foin consommée cette année bat tous les records.

Avril

L'écurie s'anime !

Dimanche 1er avril

Ce premier avril, on sent que le climat va s'améliorer. Les habits d'hiver sont ôtés, les juments profitent d'être libérées de leur couverture (chaudes, imperméables et adaptées pour qu'elles ne souffrent pas trop des conditions climatiques) pour se rouler, se gratter et se débarrasser de leurs poils d'hiver qui les gênent.

Les cabrioles sont de rigueur. Elles sautent partout. C'est la joie de vivre.

J'aime ce moment où les chevaux expriment leur bonheur et leur bien-être. Christian est plus sur la réserve car dans ces moments, il a peur qu'ils se blessent. Il n'a pas tout à fait tort.

Sans son manteau d'hiver, Indiana nous dévoile un bidon qui ne laisse aucun doute sur sa maternité future. Elle est ronde, ronde comme une barrique.

Cela n'a pas pu durer ! Pluie de grêle ! La pouliche est tout étonnée.

Peut-être pense-t-elle : « Que sont ces choses qui me tombent dessus et qui n'ont rien d'une caresse. C'est très désagréable. Heureusement, je sais me mettre un peu à l'abri et me protéger. Je vais me coller à ma mère. Elle non plus ne bouge pas et attend, la tête penchée. Je vais faire comme elle ».

Lundi 2 avril

Nos animaux à quatre pattes sont du bonheur et un réconfort. Ils aident à se remonter le moral dans des moments difficiles face aux aléas de la vie et au cours normal de celle-ci.

Jeudi 5 avril

Ce soir ce sont les vacances de Printemps. Mais la journée va être longue et exténuante. Nous serons présents au côté de ceux qui partagent notre quotidien. Nos amis vont vivre une journée chagrin. Personne n'est éternel.

Vendredi 6 avril

J'espère que le temps me permettra pendant ces congés de profiter de mon fidèle destrier.

Samedi 7 avril

Depuis quelques jours Elzanne montre des signes de chaleurs particulièrement accentués lorsqu'elle est au contact de Comédie ! Elle ne calcule pas Ouvatu! Nous avons tout de même quelques doutes sur sa gestation... Un contrôle s'impose pour faire l'état des lieux.

Latsitsaa porte pour la première fois son petit licol. Surprise, elle a bougé un peu pour se le laisser enfiler mais pas plus que ça. Elle n'a pas eu de mouvements brusques comme ça arrive parfois. Comme tout ce qui est nouveau, cela peut faire peur et engendrer un désir de fuite et une agitation du poulain.

Mais, elle, elle est plus que coopérative. Depuis quelques temps et dès que possible, elle est habituée aux gratouilles sur la tête, à se faire toucher gentiment les oreilles pour limiter justement un comportement violent ou une agitation excessive lors ce premier habillage.

Mardi 10 avril

En selle au petit matin. Une bonne séance. Les juments, pouliche et autres équidés, la mascotte Salsa sont nos fidèles spectateurs ou ne nous calculent même pas, trop occupés à brouter et se délecter de l'herbe qui a fraichement poussé grâce au retour du soleil. Mais elle reste rare. Elle sera vite engloutie.

Jeudi 12 avril

Visite chez mon frère et ma belle-sœur. Court moment de partage. Je lui montre des photos de la pouliche. Il semble étonné.

Vendredi 13 avril

Les premières véritables misères vont commencer. Le vétérinaire va venir faire la prise de sang, l'identification de la pouliche et la pucer. Il s'agit d'une procédure obligatoire pour les équidés. Il faut détailler sur un document type la couleur du poulain, et dessiner les différentes marques qui le caractérisent sur un schéma.

Avec la déclaration de naissance et le signalement du poulain, les propriétaires reçoivent la carte de propriété du poulain ainsi que son livret d'accompagnement qui est en quelque sorte l'équivalent de notre carnet de santé qui précise entre autres les vaccins, rappels ...

J'espère toujours que tout va bien se dérouler. Je redoute tout le temps ces moments qui peuvent être source d'angoisse, de brusquerie dans l'écurie. Latsitsaa a tout d'une grande. Elle n'a pas bougé et ne s'est pas du tout débattue.

Samedi 14 avril

Le pis d'Indiana a grossi d'un coup. Normalement, la mise bas est prévue dans plus d'un mois…. Va-t-il falloir la rentrer au box les soirs sans tarder ? Tout porte à croire que oui.

Dimanche 15 avril

Les conditions nous ont permis de nous retrouver avec Ouvatu après une période de repos assez longue. Nous n'avons pas de manège et monter sous la pluie n'est agréable pour personne.

Que du plaisir ! La semaine à venir devrait être prometteuse !

Mais aujourd'hui, c'est un autre sport qui nous occupe mon amie Delphine et moi. Tant que Christian est en représentation et tient un stand pour son activité de dentiste équin en Charente, nous, nous allons participer aux Foulées Roses du Populaire du Centre pour la lutte contre le cancer du sein. Il y a des causes qui méritent que l'on se déplace. Celle-ci en est une. Je n'ai pas l'âme d'une compétitrice et dans cette course ce n'est pas le chrono qui compte mais la volonté d'agir pour une bonne œuvre.

Mardi 17 avril

C'est par une belle nuit étoilée que Latsitsaa passera sa première nuit au clair de lune !

Mercredi 18 avril

Nous reprenons la route en direction des Ecuries de la Tuilière pour les inséminations, échographies et autres vérifications pour préparer l'arrivée des poulains 2019.
Comédie endossera sa nouvelle casquette de poulinière. Verdict, il faudra la ramener le lundi 23 avril. Tout est question de dates d'ovulation et autres dates de chaleur. Avant c'est trop tôt. Après c'est trop tard. Il faut

avoir un calendrier dans la tête. Heureusement, Christian suit tout cela de très très prêt. De ce côté-là... je dois dire que je ne gère pas grand-chose. Tout est scrupuleusement noté sur un calendrier pour ne pas rater une date de chaleur de l'une, d'ovulation de l'autre... en résumé un vrai casse-tête.

Quant à Elzanne, le doute subsistait avec une lueur d'espoir de voir naître notre premier poney. Le résultat de l'échographie est tombé : ce ne sera pas pour cette fois-ci.
Nous rentrons à la maison nos deux équidés dans le van.
Comédie rejoint ses copines au pré. Elzanne reste au box. Il va falloir lui réapprendre la patience. Elle est adorable mais à l'attache elle s'impatiente vite et gratte le sol du pied pour montrer son insatisfaction. La patience n'est pas sa première qualité. Elle me fait penser à Indiana en certains points. Je vais la bichonner cette après-midi. Pansage, grignotage seront les bienvenus après une séance en longe pour reprendre les bases. Elle n'a rien oublié. Elle est plutôt bonne élève. Je suis satisfaite. Il m'en faut peu !

J'espère que la petite cavalière qui avait amorcé le débourrage avec patience et succès pourra continuer et venir faire travailler Elzanne.

Jeudi 19 avril

Le bilan pour cette année : sur quatre juments saillies, deux seulement auront des petits. C'est dans la moyenne et nous devons nous en satisfaire. Dame nature en a décidé ainsi.
Latsitsaa ne décolle pas de l'abri au fond du pré qui lui sert de refuge mais aussi d'observatoire duquel elle est au fait de tout ce qui se passe. Elle a une vision parfaite des déplacements de sa mère. Dès que nous l'appelons ou sifflons pour rassembler les troupes elle hennit pour montrer sa présence. Nous ne risquons pas de l'oublier. C'est un lieu protecteur pour se parer du soleil, se gratter et déloger les insectes invasifs et agressifs.

Vendredi 20 avril

Ophélie est d'accord pour revenir monter et s'occuper de la ponette. Cela nous rassure. Surtout que cette petite cavalière est d'un tempérament calme, posé, tout ce qu'il faut pour rassurer un poulain dans ces premières séances de travail qui devraient être de plus en plus intensives.

En attendant, le travail en longe se poursuit avec Elzanne. Il faut qu'elle soit prête lorsqu'Ophélie commencera le travail en selle. Les premières fois, elle avait tendance à partir au trot dès qu'elle était sur le cercle. Petit à petit, elle se cale et répond bien à la voix pour passer aux différentes allures.

Dimanche 22 avril

Après la longe, il faut qu'Elzanne accepte le poids d'un cavalier. Chose qui avait déjà été faite l'année dernière. Il faut vérifier que les souvenirs sont toujours bien ancrés dans sa tête. Je sers donc de cobaye. Christian tient la ponette en longe et je fais ce que l'on appelle communément du « trimbale couillon ». Elle sursaute de temps en temps lorsque quelque chose la surprend mais rien de bien méchant. Tout se déroule correctement jusqu'à présent.

Samedi 28 avril

Un aparté littéraire aujourd'hui. C'est la Foire du Livre à Limoges. Notre passion nous prend du temps mais ce n'est pas pour autant qu'il ne faut pas avoir d'autres centres d'intérêts. Des rencontres éphémères mais appréciables avec Mazarine Pingeot d'une part et Maïssa Bey. Auteure Algérienne que j'avais déjà rencontrée et côtoyée une après-midi dans le cadre d'un projet réalisé pour mes élèves que j'ai eu plaisir à revoir. Elle avait eu je me souviens un message porteur auprès de nos élèves. Leur expliquant la chance de vivre dans un pays où l'école était ouverte à tous ainsi que l'accès à la culture grâce aux bibliothèques.

Nous n'avons pas trouvé de livre qui traite de ce qui occupe notre quotidien !

Dimanche 29 avril

Nous avions décidé de faire les dents de nos chevaux pendant les vacances de Printemps. Nous ne l'avons toujours pas fait. Comme dit l'adage « Les cordonniers sont souvent les moins bien chaussés ».

Ce sera pour cette après-midi.

J'appréhende un peu car la première fois Ouvatu et Elzanne n'avaient pas réellement fait preuve de patience. Je craignais qu'il en soit de même cette fois-ci. Tous ont été tranquilles. Ouvatu a secoué un peu la tête mais rien de méchant. Elzanne a su faire preuve de patience contrairement à la première fois où elle ne cessait de bouger et était difficile à maitriser. Fatinka a été la plus remuante mais facile à gérer et à tenir. Comédie s'est tenue tranquille.

Les poulinières ont passé leur tour. C'est normal. Goshka aurait pu stresser si la pouliche n'était pas dans son champ de vision et se faire ou nous faire mal. Quant à Indiana, encore gestante, il ne fallait pas lui provoquer un stress inutile et provoquer un avortement ou une mise bas avant l'heure.

Mai

Un joli cadeau !

Mardi 1er mai

Fête du travail !

La saison de monte a commencé pour nos juments.

Goshka aura un nouveau partenaire en paillettes. Il est original, car il des origines Appaloosa[11] par ses ancêtres très éloignées. C'est une race de chevaux de selle originaire du Nord-Ouest des Etats-Unis avec la robe tachetée. Il s'appelle Joli Cœur Z, il a trois ans. Il a un bon coup de saut sur les barres. D'un point de vue esthétique, là n'allait pas ma préférence.

Pour Comédie, ce sera Andain du Thalie, l'étalon de huit ans que nous avions pris pour Fatinka l'année dernière.

---

[11] Le nom d'"appaloosa" vient de "Palouse", une tribu apparentée aux Nez-Percés. Sa robe est souvent claire, finement mouchetée de brun ou de noir.

Dimanche 6 mai

Latsitsaa est vraiment cool. Elle a hérité, peut-être pas du flegme, mais de la bonne composition de sa demi-sœur Fatinka.

Indiana continue de nous faire attendre et souffle de plus en plus pour se déplacer.

Elzanne et Fatinka revoient toutes deux leurs prérequis : travail en longe, obéissance, confiance, réponse à la voix et mise en selle. Les vacances sont presque terminées pour elles.

Jeudi 10 mai

La surveillance d'Indiana s'est accrue. Les nuits sont de plus en courtes et entrecoupées par de moments de veille. Heureusement, la caméra nous rassure mais nous, nous nous ne dormons que d'un œil, enfin surtout Christian. Les réveils en sursauts sont nombreux par crainte d'avoir raté l'arrivée de l'heureux événement.

Lundi 14 mai

Christian part en déplacement pour deux jours à Pau. Mon emploi du temps est également bien chargé entre les cours et les visites de stage. C'est bien le moment. Je me dis que, forcément, Indiana va choisir un de ces deux jours pour pouliner.

Mardi 15 mai

Toujours rien !
Comme chaque soir, Indiana est rentrée au box. Elle tourne comme un lion en cage. Bien sûr, elle est habituée à rester au pré. Dès que ses compères ne sont plus dans son champ de vision, elle s'inquiète et s'agite entre les quatre murs du box.
Je me dis que le petit ou la petite doit tout ressentir et sera une vraie pile électrique.

Mercredi 16 mai

Encore rien !
Mais, il semblerait que l'on arrive au but. Des gouttes de cire apparaissent sur les tétines

d'Indiana qui sont énormes et prêtes à nourrir le petit qui va arriver. Chaque mouvement d'Indiana est surveillé de près, commenté, interprété... Elle est le centre d'intérêt. Tous les regards sont braqués sur elle de jour comme de nuit. Nous n'oublions pas les autres mais à ce moment de l'année c'est elle la star. Nous sommes sur le qui-vive.

Jeudi 17 mai

Nous rentrons Indiana au box, comme tous les soirs. Un peu moins agitée peut-être !
Puis tout va très vite : elle se couche, se lève à plusieurs reprises. Le lion dans sa cage s'est transformé en une maman en devenir.
Nous sommes près cette fois-ci. Le matériel aussi : le biberon en cas de besoin, les sérums, le microlax, les compresses, le désinfectant... je crois que rien ne manque.
Nous allons à proximité du box et ne faisons pas de bruit. Une toute petite fenêtre nous permet de surveiller sans perturber la jument. Nous regardons et surveillons pour intervenir si nécessaire.

La jument se relève, fait un tour de box, nous voyons les antérieurs du poulain apparaitre. Elle se recouche, la mise-bas va très vite. C'est un poulinage express.

Ikickapou est née à 23 heures. Indiana nous a gâtés. C'est une femelle pie baie. Pour la première fois de sa vie, Indiana donne naissance à une fille. Le sang d'Indiana restera à Las Beineix.

Comme à son habitude, la poulinière s'occupe parfaitement du nouveau-né.

Ikickapou va téter très vite. Hyperactive ? Oui, on peut le dire ! Indiana nous les fait comme ça !

Comme à son habitude, Indiana n'a pas évacué le délivre. Nous appelons le vétérinaire. La jeune vétérinaire a montré une réelle patience et Indiana en confiance n'a montré aucun signe d'impatience lors de sa présence.

Tant que les soins étaient prodigués à sa maman, Ikickapou commençait déjà à gambader dans le box, peu consciente de la fatigue de sa mère.

Deux heures du matin, tout va bien, nous laissons tout ce petit monde vivre sa vie et nous allons passer, enfin, une bonne nuit.

Vendredi 18 mai

Bonne nouvelle ! Goshka est échographiée ce matin. Tout se révèle parfait. Un petit appaloosa verra peut-être le jour à Ambazac. Il fait chaud, très chaud !

Samedi 19 mai

Week-end de La Pentecôte. Le fait religieux nous importe peu. Ce sont surtout les festivités « Des Gendarmes et des Voleurs de Temps » dix-neuvième édition.

Nous nous en souviendrons. Ce week-end, n'aura jamais porté aussi bien son nom. Les deux se sont invités à la maison. Les premiers suite à la visite inopinée des seconds. Cinquante minutes d'absence pour aller chercher nos dossards et le mal était fait. Bonne nouvelle toute même, ils n'ont rien cassé. On leur dirait presque merci !!!!

Dimanche 20 mai

Nos équidés seront mis de côté aujourd'hui. C'est le jour des courses : trente-deux kilomètres pour Christian et onze pour moi. Notre performance n'est pas satisfaisante. La tête n'y était pas ! La fatigue psychique a pris le dessus.

Un diner festif en bonne compagnie atténue les douleurs, la fatigue de la course et les contrariétés du samedi.

Lundi 21 mai

Il fait beau, nous en profitons pour faire faire la première sortie d'Ikickapou. Elle n'a que trois jours mais en fin d'après-midi, juste une vingtaine de minutes, elle sera mieux, et sa mère aussi, que de rester entre quatre murs. La première sortie du box se fait alors sans problème contrairement à celle de Latsitsaa. Ikickapou ne risque pas se perdre tant elle reste collée à Indiana. Pas de galopades en rond qui donnent le tournis, pas de ruades de joie et de découverte. Non, non... rien de tout cela. Elle est calme et tranquille et surtout obéit à sa mère.

Dernière séance en longe montées pour les petites sportives Fatinka et Elzanne. Les choses sérieuses arrivent !

Samedi 26 mai

Les deux petites sont ensemble au pré avec les autres juments du troupeau. Les mamans font le vide autour d'elles. Personne ne prend le risque de s'approcher.

Nous pensions que rapidement, les deux pouliches feraient connaissance et s'adonneraient à des jeux, ruades et galopades ensemble. Il n'en fût rien au début et pendant un certain temps où chacune est restée dans son coin avec ou sans sa mère.

Dimanche 27 mai

Ikickapou malgré son jeune âge sait ce qu'elle veut et ce qu'elle ne souhaite pas. Toujours sur la défensive si quelqu'un tente de venir la caresser ou juste s'approcher et montre sa détermination à utiliser ses deux postérieurs en guise de parade. Qui s'y frotte s'y pique. Il va falloir que ça lui passe.
Elle devrait prendre exemple sur son aînée Latsitsaa qui est tout le contraire.

Elzanne va franchir ses premières barres. Sur le plat, et des barres au sol, elle ne montre aucun stress et ces objets posés par terre ne semblent pas la préoccuper.
Elzanne est adorable mais c'est une petite boule de nerf. A première vue, elle aurait quelques aptitudes. Si elle s'applique, prend son temps tout va bien mais dès qu'elle se met la pression et se stresse, c'est le strike assuré.

Elle va persévérer.

Juin

Mois ordinaire ponctué d'une fin tragique!

Vendredi 1er juin

Tout le monde s'observe et garde ses distances. Pas question de se mélanger, les mamans restent toujours vigilantes. Ikickapou et Indiana rentrent au box tous les soirs.

Samedi 2 juin

Merci Ophélie. Le travail avec Elzanne avance et progresse de façon tangible.
Christian monte Fatinka pour la quatrième fois et semble avoir de bonnes sensations. La direction n'est pas forcément là. Il faut piloter car la jument ne comprend pas, pour l'instant, tout ce qu'on lui demande. Elle n'a pas encore assimilé tous les codes. Tout est normal. Elle est jeune.

Lundi 4 juin

Ikickapou tente des approches vers sa petite copine mais fait vite demi-tour. On ne sait jamais.

Vendredi 8 juin

Victoire des Alliés sur l'Allemagne nazie et la fin de la Seconde Guerre mondiale en Europe.

Samedi 9 juin

Nous sommes invités à l'inauguration des Ecuries d'Auriéras, qui va accueillir des propriétaires de chevaux. Il s'agit là aussi d'un nouveau départ.

Mardi 12 juin

Hier, du vent, un Ouvatu peu attentif, pas du tout concentré sur ce que je lui demande. Après cette séance un peu crispée, il faut bien l'avouer, ce matin tout était à l'image de ce que j'aime lorsque je monte à cheval : un cheval tranquille, décontracté, à l'écoute. Ça démarre bien la journée.

Ikickapou est toujours méfiante mais devient de plus en plus sociable. Soyons patients !

Jeudi 14 juin

Il fait beau, le temps idéal pour se mettre à cheval.

Samedi 16 juin

C'est jour de concours à Ambazac. Nous allons voir les filles de nos copains qui vont participer.
De plus, Christian a vu sur la liste des engagés que le propriétaire de Dachachuk était présent samedi après-midi. Il fait son épreuve avec son cheval mais ne sait pas si engager Dachachuk le dimanche. Nous sommes insistants pour que son propriétaire et sa cavalière reviennent pour l'épreuve du lendemain. Ils sont réticents, cela fait de la route, ils habitent en Charente.

Finalement, Dachachuk sera bien présent et participera demain. Nous le verrons en club 2 et club 3 Grand Prix.

Dimanche 17 juin

Dachachuk revient sur ses terres de naissance pour une épreuve le matin et une autre l'après-midi. Avant les épreuves, nous restons avec eux. Il est devenu un beau petit cheval. Il est à l'image de sa mère. Il est câlin. Celle du matin se passe correctement avec une barre qui lui coûte quatre points. Malheureusement, celle de l'après-midi est plus chaotique. Bon, il est encore jeune, sa cavalière aussi. Ils doivent pouvoir progresser et s'améliorer. A suivre sur de prochains concours.

Dimanche 24 juin

Avec toute la régularité nécessaire pour travailler un jeune cheval, Ophélie et Elzanne semble s'adapter l'une à l'autre et évoluer gentiment sur le plat et sur les barres. Elzanne comprend vite et malgré son tempérament de feu, elle écoute attentivement et s'imprègne de tous les mouvements de sa cavalière pour avancer.

Ikickapou quant à elle observe les moindres mouvements et activités depuis son abri.

Deux fois par an, Salsa a droit au grand nettoyage en plus des pansages réguliers. Aujourd'hui c'est la douche complète. L'ânesse se voit shampooiner, masser... Aussitôt remise au pré, ma Salsa en oublie toute cette énergie déployée pour lui faire du bien, la détendre et va se rouler dans le premier coin de terre qu'elle trouve.

Ouvatu a retrouvé ses vieux démons. Je pars sur la carrière confiante et bien décidée. Ça commence ! Il est très agité dès que je mets le pied à l'étrier. J'amorce ou plutôt j'essaye d'amorcer ma détente mais Ouvatu refuse d'avancer ou fait mine de se pointer. Il n'avait jamais fait cela. Il se relaxe un peu, moi aussi... nous prenons la longueur qui suit la carrière en remontant. En passant devant les obstacles, il refait son cinéma. Impossible de faire quoi que ce soit. Contrairement à d'autres fois, je réalise qu'il a réellement peur de quelque chose qu'il sent et qu'il ne voit pas et que personnellement je ne sens, ni ne vois. Déconcertant ! Christian arrive, me demande ce qui se passe. Je lui explique ! Il le prend, et là le résultat est identique. Effectivement, une peur panique ne le lâche pas dès qu'il s'approche des barres d'obstacles. Le but dans ce cas, rester calme et finir le travail dans une zone où il reste à peu près tranquille. La reprise s'arrêtera là pour aujourd'hui. Je ne remets pas le pied à l'étrier, ce sera pour la prochaine séance.

Samedi 30 juin

Une belle matinée. Je pars faire le tour du pré. L'été s'annonce beau et chaud.

Je reçois un SMS. Nous apprenons une bien triste nouvelle.

Morale de l'histoire : savourons tous les bons moments qui nous tendent les bras ! Et profitons de ceux qui nous entourent !

Juillet

Un plombant été ! Nouvel élan et déception.

Dimanche 1ᵉʳ juillet

Sensations nouvelles, j'ai une nouvelle monture. Je monte la ponette, Elzanne, au pas. Très agréable. Peu regardante. J'ai l'impression d'être assise sur ses oreilles. Par rapport à la grandeur d'Ouvatu qui toise 1,69 la ponette est à 1,44 autant dire que les sensations sont très différentes.

L'été est plutôt bien engagé et dévoile de belles perspectives pour la suite. Nous nous faisons de belles promesses avec Ouvatu. Ce sont les grandes vacances et je vais avoir beaucoup de temps pour m'en occuper à pied et le monter. Lui me montre qu'il est prêt et s'avère motivé. Je crois que psychologiquement, j'ai franchi ce cap et que les séances à venir seront prometteuses, je me suis fixée de nouveaux objectifs, de nouvelles attentes. Faire des balades, aller monter avec des amies…

Vendredi 6 juillet

Retrouvailles de plusieurs cavaliers en des circonstances bien sombres.

Samedi 7 juillet

Après une séance hors de leurs écuries, un travail sur le plat et sauts de quelques barres pour Elzanne, les quatre compères partent en courte balade pour la première fois sur des chemins de campagne. Une vraie détente dans un environnement calme et propice à la découverte de nouvelles sensations et odeurs. Je les suis sur quelques mètres à pied afin de prendre des photos pour agrémenter mon album cheval déjà bien fourni.

Mercredi 11 juillet

Je me pose en spectatrice au bord de la carrière et prends quelques photos de la belle Fatinka et de son cavalier. Elle est aérienne au trot et se déplace très bien.

Vendredi 13 juillet

Cela fait maintenant plusieurs années que nous partons au Global Champions Tour à Chantilly. Ce prestigieux concours international avait lieu fin juillet. Depuis deux ans maintenant, il est organisé mi-juillet. Les premières années nous partions seuls, maintenant généralement nous nous y rendons avec un couple d'amis.

Départ vers Chantilly à 8 heures. Cette année nous ferons une halte à Vaux le Vicomte. J'aime bien agrémenter et coupler nos sorties équestres avec d'autres centres d'intérêts. Un beau château de l'extérieur, avec des jardins à la Française conçus par Le nôtre tout comme ceux de Chantilly et Versailles d'ailleurs. L'intérieur, je dois dire m'a moins enthousiasmée. Je reconnais l'œuvre et travail des artistes, des peintres et sculpteurs qui ont façonné par exemple les plafonds de certaines pièces du château de façon très élaboré avec une symbolique sans pareille. Mais le style, les pièces sombres et parfois avec un décalage dans les époques m'ont surpris.

Par contre, la visite se termine par une pièce indispensable à la vie du château : la cuisine, appelée « la salle des gens ». Mais ce n'est pas la partie la moins intéressante et elle m'a beaucoup plu. Il fallait être bien outillé et équipé pour satisfaire les agapes et envies de ces messieurs.

Le musée des équipages avec les carrioles d'époques et de styles différents exposés dans les grandes écuries du château m'ont tout de même davantage interpellée ainsi que les équipements et outils anciens pour le travail des chevaux.
En fin d'après-midi, nous arrivons à Chantilly où nous allons prendre la température du concours afin de voir quelques athlètes sur le carré de détente sauter des barres à une hauteur définitivement inaccessible pour nous et dans un cadre somptueux.

Samedi 14 juillet

Nous passons la journée au concours où nous voyons un spectacle sportif équestre assez fabuleux avec de grands noms de l'équitation mondiale tels que les allemands Marcus

Ehning et Ludger Beerbaum, la portugaise Luciana Diniz, l'anglais John Whitaker, et n'oublions pas les français comme Kevin Staut, Julien Epaillard ou Pénélope Leprevost. Cette année c'est Nicola Philippaerts qui a fait entonner la Brabançonne, l'hymne national de la Belgique, avec son étalon de dix ans H&M Chilli Willi.

Dimanche 15 juillet

Nous passons la matinée au champ de courses de Chantilly, face au Château et à proximité des grandes écuries et du Musée du cheval pour savourer et observer le travail de ces grands et sublimes destriers accompagnés par leurs excellents cavaliers. Du grand sport pratiqué avec tellement de doigté et de précision.

Douze heures, nous reprenons la route vers notre Limousin natal. Ce soir, c'est la finale du mondial de football et il parait que la France est en finale. Il ne faut pas rater ça. Nous verrons la deuxième mi-temps chez nos amis.

Nous sommes champions du monde... cela vaut bien une petite coupe ! Toutes les occasions sont bonnes pour passer du bon temps entre amis.

Lundi 16 juillet

Inutile de vouloir reproduire ce que nous avons vu ce week-end. Restons modestes. Allez, il fait moins chaud, il est 18 heures, nous allons travailler un peu en longe avec Ouvatu, histoire de ce remettre ensemble et de se mettre en selle demain.

Vendredi 17 juillet

Continue comme ça mon loulou. Moi ça me va très bien. Ouvatu a été super.

De retour au box, il est très agité, pointe ses petites oreilles en avant. Un, voire des intrus, doivent se trouver non loin de là. Le sixième sens d'Ouvatu est en exergue : nous avons l'honneur de la visite de quatre beaux chevreuils au fond du pré. Il n'en faut pas davantage pour animer mon beau destrier !

Samedi 18 juillet

Aujourd'hui, séance du matin. Ce sera travail relax au pas avec des assouplissements.

Pansage et papouilles de rigueur… comme d'habitude. Salsa attend à la clôture sans oublier de braire pour réclamer quelques friandises… Ouvatu va aller la rejoindre et ils passeront ensemble une journée tranquille.

Comme habituellement, la naissance et la présence des poulains est l'attrait du moment. A plusieurs reprises, des amis, copains, cavaliers pour la plupart, amènent leurs enfants. Latsitsaa tout comme sa mère et sa demi-sœur est peu avares de caresses, de câlins au grand plaisir des grands et des petits.

En début de soirée, nous prenons un verre sur la terrasse. C'est le rituel de fin de journée. Nous sommes face au pré et observons nos chevaux. Ils sont tranquilles, il fait plus frais, pour eux c'est le meilleur moment de la journée. Ils vont et viennent d'un paddock à un autre. Notre attention est fixée sur les petites. Latsitsaa, l'aînée des deux pouliches ne se préoccupe pas le moins du monde de la benjamine et à tendance le soir à suivre sa mère. La journée, l'abri reste son repaire, le refuge et le terrain de jeu idéal.

Quant à Ikickapou, elle se mélange au troupeau, suit tout ce petit monde, en l'occurrence les six juments, sans faire de distinction. Alors que sa mère broute le peu d'herbe qui reste au fond du pré elle s'adapte totalement à la vie du troupeau. Il faut dire qu'elle n'est pas farouche avec les autres et rien ne l'effraie. De nature craintive, le cheval va fuir dès qu'il sent un danger. Lorsqu'il se sent en sécurité tout le monde vit ensemble en harmonie dès lors qu'il n'y a pas quelques granulés en jeu.

Dimanche 19 juillet

Ca y est Indiana a été inséminée. Croisons les doigts. Ikickapou ne se formalise plus et grimpe dans le van comme une grande.
C'est décidé, je vais monter Elzanne. Elle ne bouge pas avec Ophélie. Pourquoi bougerait-elle avec moi ?
Je suis très heureuse. Ma petite ponette s'est très bien comportée. Elle sursaute de temps en temps si quelque chose la surprend. Mais vraiment rien d'effrayant ni de malintentionné. Elle m'a mise en confiance. Nous recommencerons. Ceci est aussi dû au travail qui est fait avec Christian et Ophélie qui est d'une patience exemplaire et très volontaire.

Lundi 20 juillet

Le mois de juillet nous gâte et nous avons un temps et des températures estivales. Il vaut mieux choisir le bon moment pour monter car avec la carrière en plein soleil, petit matin et fin d'après-midi sont le plus adaptés. L'idéal serait de monter le soir après vingt-et-une heures mais c'est le moment où nous souhaitons un peu de calme et de tranquillité pour nous poser. D'ici la fin de l'été peut-être que je me laisserai tenter.

Ce soir, nous partageons la carrière Fatinka, Christian, Elzanne et moi. Une bonne et courte séance, vraiment tranquille mais constructive. Nos juments ont bien travaillé sans se poser de questions. Au bout de vingt minutes, nous rentrons au box rênes longues sur nos montures respectives.

Ouvatu est « aux ordres » malgré un demi-tour dont lui seul connait l'origine. Il y a quelques temps, cela me perturbait, maintenant, je connais par cœur comment fonctionne ce grand enfant... volte-face, quelques foulées de galop, lui laisser les rennes puis il s'arrête. Le scénario est finalement toujours le même, bien rôdé. Il manque d'inspiration et d'originalité. Mais moi, ça me va bien. Ensuite, il est prêt et à nouveau disponible pour faire quelque chose de bien.

Mardi 21 juillet

Comédie revient à La Tuilière. Aujourd'hui, c'est l'échographie de contrôle.

Ouvatu est bien disponible. Il est détendu, se délie, mâche son mors mais il manque un élément, voilà c'est fait, le demi-tour habituel est arrivé. Nous nous remettons au calme et reprenons la séance.

Ensemble, nos protégés vivent bien, tout à l'air harmonieux la journée malgré la chaleur et le soir à la fraîche. Par contre, à l'heure du repas, il y a davantage d'agitation, la tension monte. Nous y restons attentifs et sommes autant que possible vigilants, sans pour autant nous mêler à vie du troupeau.

Mercredi 22 juillet

Onze kilomètres ce matin. Il fait chaud mais le circuit est majoritairement dans les sous-bois où les chemins sont à la fraîche… ça aide !

Dans l'après-midi, Ouvatu se tient bien. Aujourd'hui est exceptionnel : pas de demi-tour. Il demeure aux ordres, juste trente minutes car il fait chaud.

Elzanne est toujours tranquille au pas et avance bien. Elle demande et se pose sur son mors et allonge bien sa petite encolure. Nous allons trotter aujourd'hui mais je préfère qu'elle soit tenue en longe. Ça trottine bien ces petites pattes. Passer d'Ouvatu à Elzanne est tellement différent en divers point : la taille, l'allure, la connaissance du travail. Comme Elzanne est en phase d'apprentissage, elle est sensible au moindre mouvement, à la moindre action de la main et de la jambe.

Au trot à gauche, elle a tendance à perdre son équilibre.

J'ai les adducteurs en feu.

Mettons en avant qu'Elzanne progresse un peu plus chaque jour et moi avec elle.

Latsitsaa est mise à l'attache pour la première fois ! Elle ne bouge pas et a compris que tirer ne servait à rien. Nous la faisons marcher en longe. Il ne faut pas trop s'éloigner de sa mère mais pour une première dans le pré ce n'est pas si mal.

Pour Ikickapou, cette année nous avons été négligeant. Du coup, elle a pris de la force, et le petit licol qui entrave la liberté a du mal à être toléré. Une fois que la muserolle est mise tout va bien mais avant c'est un peu sportif.

Pourtant, maintenant, elle se laisse caresser, toucher les oreilles… mais pour le licol ce sera un peu plus long. Ce n'est pas grave, nous avons tout le temps.

Lundi 23 juillet

On recommence la séance avec Ikickapou. Le licol passe bien. Je prends Indiana et Christian suit avec la petite. Là c'est encore une autre affaire. Elle virevolte ; se cabre, tire. Contrairement à Latsitsaa qui a bien compris que tirer sur la longe était source d'inconfort, pour la benjamine ce n'est pas acquis et loin de là. Elle n'est pas prête pour l'attache dans le box. C'est certain.

Il faudra répéter et encore répéter et faire preuve de patience.

C'est repos pour Ouvatu.

Hier, nous avons mis Elzanne avec lui et Salsa pour qu'ils partagent l'herbe dans le pré du haut. Mais Elzanne se trouve séparer de Comédie son acolyte et reste au soleil à côté de la clôture. Elle tire même un peu sur les fils on ne sait jamais, peut-être qu'ils pourraient céder.

Mardi 24 juillet

Christian se lève et va nourrir. Elzanne a réussi, elle est arrivée dans la partie du pré que nous avions fermée dans l'espoir que quelques averses estivales feraient repousser l'herbe. Nos espoirs sans jeu de mots sont taris. Pas d'eau et beaucoup de chaleur en ce mois de juillet.

Nous décidons alors de mettre Comédie avec Elzanne et les deux autres. Le pari est réussi. Elzanne retrouve le moral. Quant à Ouvatu, ce grand hongre de 16 ans est tout émoustillé de se retrouver avec toutes ces filles. Par un soleil de plomb, il entame de grandes galopades de joie qui laissent les juments sans réaction et impassibles. Il tente de les amener vers le grand pré à coups de ruades, de cabrage et de cabrioles en tous genres. Cela n'y fait rien. Les juments restent de marbre.

Choqué, vexé dans son orgueil de mâle, il s'en revient tout penaud vers Salsa sa meilleure confidente et complice. Résigné, il repart avec Salsa dans le pré du haut. Cette dernière a regardé ce spectacle avec amusement et moquerie. Mon pauvre Ouvatu, toutes ses filles vont te faire tourner en bourrique.

18h30, la carrière commence à être bien à l'ombre. J'appelle Ouvatu. Il vient au galop. J'ai remarqué que lorsque je le monte et m'en occupe avec régularité il s'y habitue et aime que l'on s'occupe de lui.

Il est poussiéreux mais facile à panser. C'est parti ! Nous allons sur la carrière. Quel confort de monter depuis la margelle de la piscine. Sinon, lorsque je mets le pied à l'étrier dans la carrière j'ai l'impression d'escalader une montagne, tellement il est haut. Heureusement qu'il n'est pas de ceux que avancent dès que le cavalier se hisse sur leur dos.

Il n'a pas été monté hier. Je le travaille longuement au pas. Il vient petit à petit, gentiment, tend son encolure. Je lui donne ce qu'il demande pour qu'il se détente. Nous faisons quelques foulées de galop aux deux mains puis nous finissons la séance au pas.
Pas de demi-tour aujourd'hui. Car il est fier et coutumier du fait. Avant, ses réactions me faisaient peur ! Et il pouvait arriver que j'arrête de monter à cause de ces réactions intempestives et désagréables. Maintenant, j'ai compris comment il fonctionne et lorsqu'il le fait je ne m'en formalise pas. Il fait ses quatre ou cinq foulées de galop et s'arrête.

Mercredi 25 juillet

Comédie est repartie et restée à la Tuilière. Il reste quelques paillettes. Elle sera inséminée demain matin. On croise les doigts.

Encore une belle journée d'été, Christian est en déplacement. Cette après-midi est synonyme de complicité avec mon cheval, d'engouement, d'une réelle volonté de progresser et d'avancer ensemble. Des câlins, des caresses, une gourmandise et la douche.

Ouvatu adore boire au robinet. Il réclame et s'amuse les deux babines retrousser au contact de l'eau.

Retour au pré avec les filles. Tout est calme et serein.

C'est l'heure du repas. Tout le monde se chauffe lorsqu'ils entendent les granulés tomber dans le seau.

Ouvatu et Elzanne ne sont pas amis à cette heure de la journée. Lui sur ses terres depuis longtemps tente une intimidation envers la ponette pour la faire fuir. Cette dernière, peu encline à se laisser faire riposte et donne un coup de pied majestueux à Ouvatu. En bref, une vie de troupeau classique.

Christian nourrit ce beau petit monde. Ouvatu ne s'approche pas de sa mangeoire et semble comme prostré. Que se passe-t-il ?

Il s'éloigne, se couche, se relève… une crise de colique ? Non, il reste à nouveau figé.

Nous le rentrons au box et appelons le vétérinaire. Les soins lui sont prodigués en fonction des symptômes décrits.

Il revient au pré plus tard dans la soirée. Il sera mieux au grand air.

Jeudi 26 juillet

Jeudi matin de bonne heure, Christian est en déplacement pour son travail. Je me lève, regarde par la fenêtre.

Ils attendent leurs rations. Ouvatu n'est pas là. Lorsqu'il entendra les granulés, forcément, il nous rejoindra.

Il n'en est rien. Je dois aller le chercher. Il est sous les arbres à l'abri des regards et ne bouge pas. Lui qui hennit toujours lorsqu'il nous voit. Il a beaucoup de mal à marcher, à se déplacer. Nous amorçons le retour vers le box. Cela prend du temps, beaucoup de temps.

Il ne touchera pas ses granulés. Le vétérinaire est rappelé. Mon pauvre cheval est en train de gonfler. Il est mis sous perfusion. La journée est longue, très longue… la situation ne s'arrange pas.

Christian doit revenir tard mais parvient à rentrer à la maison en milieu d'après-midi. En effet, pour avoir un diagnostic plus précis, un rendez-vous est fixé dans une clinique vétérinaire située à une quarantaine de kilomètres de chez nous pour faire subir, je dis bien subir à Ouvatu une endoscopie. Nous embarquons et transportons Ouvatu avec ses perfusions. C'est dur mais nous devons savoir plus précisément ce qui se passe pour adapter le traitement. Notre cher compagnon passe courageusement cet examen qui ne montre rien de particulier. Nous rentrons à la maison démunis.

Vendredi 27 juillet

La nuit il reste au pré. Je dors peu, je l'entends respirer. Je me lève plusieurs fois. Il est debout mais respire fort, très fort, trop fort !

Encore une très longue journée marquée par la visite du vétérinaire! La situation ne s'arrange toujours pas !

Samedi 28 juillet

Avec la fatigue physique et psychique cumulées, enfin je m'endors. Au petit matin, il est six heures exactement...Salsa se met à braire fortement. Il est encore tôt pour réclamer les granulés.

Nous comprenons que Salsa lance un appel et sent que quelque chose est en train de se passer. Je regarde par la fenêtre. Nous nous levons et nous habillons rapidement. Nous allons auprès de lui. C'est fini. Il n'avait que seize ans.

Cet été prend décidemment une drôle de tournure.

De toute évidence, nous avons été bien entourés par les professionnels, copains et amis. Tout cela n'enlève pas la peine mais apporte un véritable réconfort moral.

Lundi 30 juillet

Salsa se sent bien seule depuis trois jours sans son fidèle et inséparable compagnon. Quel vide !
A chaque instant, lorsque nous sommes sur la terrasse, regards tournés vers le pré, machinalement, nous cherchons Ouvatu.

Le ballet du soir, avec Salsa, prend fin. Le rideau se ferme bien brutalement ! Nous n'y étions pas préparés.

AOUT

Un autre départ en vue !

Mercredi 1ᵉʳ août

Bye bye Ouvatu !

Jeudi 2 août

L'herbe se fait rare, de plus en plus rare. Nous avons acheté du foin relativement tôt cette année. Nous pouvons parler de sécheresse ce qui prive les chevaux ou autres animaux des fermes environnantes de l'herbe à brouter et de l'eau des rigoles et ruisseaux pour s'abreuver. Les nôtres sont à sec.

C'est le Trésor Public qui va être content l'année prochaine puisque nous sommes obligés de remplir les réservoirs d'eau qui alimentent les abreuvoirs des prés avec l'eau de la commune.

Samedi 11 août

Jour de marché d'été à La Jonchère. Je voudrais rencontrer Maria Magdalena. C'est une écrivaine locale, que je connais depuis pas mal d'années maintenant puisqu'elle faisait le secrétariat et la comptabilité de mon garagiste. Petit détail mais non des moindres, il est également son mari ! Nous discutons. J'achète et lui fais dédicacer son dernier livre à l'attention de ma mère. Je lui explique que j'écris également un peu. C'est motivant de partager et d'être encouragée.

Dimanche 12 août

Par chez nous la nature est généreuse ... petit running tranquille presque entièrement à l'ombre ... Parfait !
Petite balade avec Salsa... Elle introduit son nouveau groupe d'amies ... toujours devant comme avec son ancien compagnon.
Latsitsaa est véritablement adorable et nous retrouvons tellement le caractère de sa sœur, si docile et tranquille que la séparation sera difficile. Il reste encore deux mois et demi pour en profiter.

Mardi 14 août

En route pour le Pays Basque. Lieu de villégiature dont nous ne nous lassons pas. C'est Mélanie qui viendra gérer et nourrir notre cavalerie.

Samedi 18 août

C'est notre dernier jour de vacances en Euzkadi. Le retour à la maison est prévu pour demain. Nous décidons d'aller à Ibardin, doté d'un paysage naturel magnifique ! Le col d'Ibardin est situé à la frontière franco-espagnole, dans les Pyrénées. Il sépare le département des Pyrénées-Atlantiques, en France, de la communauté forale de Navarre, en Espagne.
De là partent plusieurs chemins de randonnées de difficultés adaptées à tous les niveaux. Christian aime courir mais marcher est loin d'être sa passion. Nous partons donc pour une randonnée de six kilomètres. C'est un bon compromis pour chacun d'entre nous. Plus nous avançons, plus nous sommes satisfaits d'avoir finalement choisi ce circuit qui nous offre des paysages à perte de vue.

Comme le ciel est bien dégagé, nous voyons entre autres la baie de St Jean de Luz. Il ne nous manque que les jumelles. En chemin, nous croisons des vaches et leurs petits puis un peu plus loin des pottocks en troupeaux. Ils sont nombreux, beaucoup de juments avec leurs poulains. Certains broutent l'herbe qui ne manque pas. Nous sommes un peu jaloux car nous nos chevaux n'en ont pas en quantité suffisante et elle leur fait terriblement défaut. D'autres font leur sieste ou font bronzette étendus au soleil. Mais, ni les uns, ni les autres ne bougent ou semblent effrayés. Ils sont habitués aux passages réguliers des randonneurs. Nous remarquons qu'ils sont infestés de mouches plates[12].

---

[12] Elle mesure environ 1 cm et a un corps rectangulaire aplati. Elle a de puissantes griffes lui permettant de s'accrocher fortement à la peau. Elle ne vole que de quelques centimètres pour se mettre à l'abri. Sa piqure est une véritable morsure, douloureuse et répétée. La mouche plate s'attaque aux zones sensibles et difficiles d'accès des chevaux comme l'intérieur des cuisses, le périnée, l'anus.

Nous continuons notre marche. Je chasse une mouche plate posée sur mon bras. Pourquoi ne l'ai-je pas tuée ?

Presqu'arrivés, Christian me dit qu'il a l'impression qu'il a quelque chose dans l'oreille. Sûre de moi, je lui fais une auscultation express et lui réponds que non, tout va bien. Nous faisons quelques mètres. Ca le gêne vraiment. Je regarde à nouveau.

En effet, l'insecte tant haï par les chevaux est venu se mettre au chaud dans son l'oreille. Comment l'enlever ? Je reste calme, mais paniquée intérieurement car Christian est inquiet. Au col d'Ibardin on trouve les fameuses « ventas ». Je rentre dans une parfumerie dans laquelle j'achète une pince à épiler qui je l'espère me permettra de réussir l'opération.

C'est bon ! La mouche plate est évacuée avec succès. Plus de peur que de mal. Nous avons bien mérité une petite bière

Lundi 20 août

Nous sommes rentrés de vacances hier et avons retrouvé tout le monde en parfaite santé. La mer, la montagne, les chevaux, la sangria Tout y était ...

La coupure nous a fait un bien fou suite à cet été plus que chaotique et perturbant.

Je me lève et rituel quotidien, je regarde par la fenêtre. Elles sont toutes là. Le troupeau est maintenant uniquement féminin.

Les petites d'un côté, Indiana au fond, Goshka aux avant-postes, Salsa, Elzanne et Comédie attendent patiemment ...

Indiana, me semble-t-il, s'isole de plus en plus et savoure ces moments de solitude où personne ne la dérange.

Mercredi 22 août

Aujourd'hui, avec Elzanne pas de selle, pas de mors juste le licol et nous voilà sur la carrière. J'ai envie de tester deux trois petites choses.

Avant d'arrivée chez nous, Elzanne avait appris à suivre, à trotter à proximité de son cavalier. Le test est concluant. Elle se prête volontiers au jeu. Je ne sais pas si elle apprécie, en tous cas moi cela me fait plaisir.

Par manque de temps, notre petite cavalière ne peut plus assurer la progression et le travail de notre ponette. Lorsque je la monte, cela ne me parait pas insurmontable de faire un bout de chemin avec elle. Elle m'apporte pour l'instant de nombreuses satisfactions. Nous allons donc persévérer ensemble.

Je n'aurais pas cru pouvoir travailler un jeune cheval. Pour moi, c'est aussi un joli et agréable défi.

Jeudi 23 août

Décision difficile concernant Comédie.

Dans l'immédiat, je n'ai plus de cheval à monter. Nous pensons qu'Elzanne n'est pas assez prête pour moi.
Nous décidons qu'il faut trouver un ou cavalière qui saura s'occuper de Comédie convenablement et aussi qui aura le niveau nécessaire. Christian doit s'occuper de Fatinka. Le temps manque pour monter tout ce petit monde. Il a déjà bien fait évoluer Comédie et l'a valorisée grâce au travail régulier accompli.

Vendredi 24 août

Christian remonte Comédie. Il faut la préparer, après cinq mois de repos, pour sa nouvelle cavalière. La jument est à l'écoute.

Mardi 28 août

La rentrée approche à grands pas. Plus que trois jours de vacances. Qu'il est agréable de voir nos chevaux au fond du pré tranquilles, paisibles, tous ensembles à partager le peu d'herbe fraîche qu'il reste à l'orée du bois. Il en manque un, nous ne l'oublions pas !

Jeudi 30 août

Une cavalière accompagnée de sa sœur et de sa nièce, ces deux dernières elles aussi cavalières, viennent voir Comédie. Je crois que c'est un coup de cœur.

Elle la monte sur le plat. Comédie est un peu froide à la jambe, elle est habituée à la manière de monter de Christian mais rapidement, les deux prennent leurs marques jusqu'à passer quelques barres. Tout se passe très bien. Elles font un bon binôme et s'accordent bien physiquement.

Nous attendons le verdict.

Septembre

Rentrée, nouveaux apprentissages, nouveaux démarrages !

Dimanche 2 septembre

Demain c'est la rentrée des élèves. Un été en demi-teinte cette année.
Cette après-midi, nous avons la visite d'acheteurs potentiels de Latsitsaa. Ils sont charentais. Lui cherche un futur cheval de concours de sauts d'obstacles. Ils sont connaisseurs et regardent la pouliche sous

toutes ses coutures. Ce qui est somme toute normal. Il fait chaud, Après un long moment au pré, nous les convions à prendre un verre. La négociation sera de courte durée. Nous ne disons rien. Ils nous disent qu'ils la prennent sous condition que l'opération se passe bien. Christian estime qu'il vaut mieux la faire opérer avant qu'elle ne parte afin qu'elle soit « physiquement correcte ».

En effet, cela arrive parfois sur les poulains, ils peuvent avoir une hernie ombilicale, ce qui n'est pas grave mais peu esthétique.

Le repas arrive … alors que quelqu'un s'est invité …Un faisan a élu domicile à la maison. Il a compris quels étaient les horaires auxquels étaient distribuées les collations du matin et du soir… C'est un bel oiseau. Combien de temps restera—t-il à la maison ? L'ouverture de la chasse ne va pas tarder.

Dimanche 9 septembre

Bonne séance matinale chacun avec notre monture respective … des juments actives et toniques juste ce qu'il faut … en bref un bon dimanche qui commence.

Lundi 10 septembre

Je sors du boulot à 17h. Il fait encore beau, les jours sont encore suffisamment longs pour se dire qu'une petite séance à cheval permettra de faire tomber le stress de la journée. C'est chose faite. Moment savoureux !

Jeudi 13 septembre

Latsitsaa est partie à la clinique vétérinaire ce matin. Bien sûr, maman Goshka va la soutenir et la réconforter dans cette épreuve. Rien de grave. Une hernie ombilicale qu'il vaut mieux opérer. Hormis le côté disgracieux de cette petite poche bombée sous le ventre, se déchirer en se frottant contre une branche, ou en se roulant pourrait provoquer une infection ou autre désagrément que nous préférons éviter à ses futurs propriétaires.

Vendredi 14 septembre

Nous sommes vendredi soir et nous récupérons la mère et l'enfant. Tout s'est très bien passé. La pouliche s'est bien réveillée, n'a pas bougé et au dire des vétérinaires s'est laissée soigner docilement et gentiment. Nous sommes très fiers d'elle.

Maintenant, pour les deux, il va falloir rester au box car Latsitsaa doit éviter tout mouvement brusque… et surtout pas de galopades qui briseraient les points et mettraient à mal la cicatrisation et sa guérison.

Samedi 15 septembre

Christian monte Comédie pour la dernière fois, avec une pointe d'émotion.

Dimanche 16 septembre

Fatinka est au repos depuis hier … elle a bénéficié d'une bonne séance d'ostéopathie équine.

Tout va bien. Elzanne a hâte de la rejoindre après le travail de ce matin dans une bonne dynamique.

Lundi 17 septembre

Indiana du haut de ses 22 ans reste énergique et tonique. Elle nous aura fait quatre beaux poulains dont la dernière qui saura, nous l'espérons, dignement prendre sa relève en tant que sportive puis dans quelques années comme poulinière. Indiana profite dorénavant d'une retraite bien méritée.

Vendredi 21 septembre

A six mois, Latsitsaa mesure 1,40m. Le sevrage ne va pas tarder. Il faut que nous la préparions pour son départ afin de rejoindre ses nouvelles écuries en Charente non loin de chez Dachachuk.

Samedi 22 septembre

Notre petite commune aura elle aussi son festival. Un événement à Ambazac : c'est le Festizac. Il aura lieu à Muret ; terre de chevaux puisque c'est ici qu'est implanté le centre équestre. Jusqu'au dernier moment nous n'avions pas pris de places. Le matin, nous nous décidons. Je vais chercher des places avant la fermeture de l'office du tourisme. Aucun regret, une belle programmation pour une première.

Dimanche 23 septembre

Journée particulière pour une jument spéciale, attachante et surement exceptionnelle. Après trois ans passés chez nous, Comédie va s'en aller pour Maisons Laffitte. Le coup de cœur avait bien eu lieu.

Les filles déjeuneront avec nous. Puis, elles partiront avec la jument.

Il est quinze heures trente. Comédie est embarquée dans le camion de Vanessa. Nous décidons, que nous serons dorénavant « copines » sur Facebook. Elle tient promesse. Dès le lendemain, les photos et nouvelles ne tardent pas à arriver.

Comédie a trouvé une bonne famille, digne de confiance. Il est rassurant de la savoir en sécurité et bien traitée.

Jeudi 27 septembre

Goshka a rendez-vous chez son vétérinaire pour vérifier l'état de sa gestation. Tout est parfait. Le poulain devrait être pie-léopard et premier poulain de l'étalon que nous avons sélectionné.

Vendredi 29 septembre

Nos équidés sont nombreux maintenant, nous avons pris rendez-vous cet après-midi à la chambre d'agriculture afin de savoir s'il serait opportun de monter une société d'élevage. Ce serait une avancée supplémentaire. La personne rencontrée, nous le conseille vivement. Nous allons réfléchir.

Après quinze jours fermées au box, Goshka et Latsitsaa vont sortir prendre l'air dans un petit paddock. Le retour au pré nous inquiète car Latsitsaa ne doit pas se blesser et faire sauter les points encore un peu fragiles de sa plaie. Mais peut-on empêcher un poulain de s'amuser et de galoper à sa première sortie depuis quelques jours ? Elles profitent ensemble de ce moment savoureux de liberté retrouvée. Cette nuit, elles dormiront au box.

Dimanche 30 septembre

L'arrière-saison procure de bien belles sensations et nous offre une nature des plus réjouissantes. Aller courir le dimanche matin sous le soleil et la brume qui se lève sur les prairies humides adoucie le tempo de la semaine de travail et son lot de stress et de fatigue.

Elzanne est au top aujourd'hui. Elle apprend très vite et m'apprend beaucoup aussi. Elle développe de belles compétences.

Octobre

Les écuries reprennent des couleurs !

Lundi 1er octobre

Aujourd'hui, il y a du vent, beaucoup de vent. Elzanne, si sage d'habitude, se fait quelques frayeurs. Elle est stressée. C'est une petite boule de nerfs. Par contre, même si elle sursaute, elle ne fait aucun écart mais reste à l'affût de tout. Le moindre feuillage en mouvement, craquement de branches ou feuilles qui tombent lui enlèvent toute l'attention nécessaire pour évoluer sereinement. Mais, je reste à ma place. Cela la réconforte et petit à petit nous prenons notre allure de croisière.

Nous trouvons qu'en termes de caractère, c'est une Indiana en miniature. Nous remarquons qu'elle est d'un naturel tendu : sursaute souvent et a besoin de se sentir rassurée. Elle dégage également une énergie nécessaire pour la mise en avant et le travail sur le plat.

Latsitsaa reste au box sans sa maman. Elle a maintenant presque sept mois et son départ est normalement prévu fin octobre. Elle va bien, sa cicatrice se voit à peine. Le sevrage se passe sans trop d'énervements.

Vendredi 5 octobre

Bon alors … sortie à Razés, au centre équestre d'Aiguemarde. Tout le matériel nécessaire est chargé dans le coffre, et il en faut ! Nos deux juments montent dans le van. Nos deux petites pépettes sont sages. Pour Elzanne et moi, c'est une première puisque je ne l'avais encore jamais montée en dehors de notre carrière …Tout se passe bien. Fatinka donne un peu plus de fil à retordre à Christian. Elle n'a pas envie de se fatiguer, au grand désespoir de son cavalier !

Pour clôturer cette séance nous partons en balade sur d'agréables chemins … on a même traversé la rivière … oui oui … Hop !!

Samedi 6 octobre

D'abord au pas, longuement, puis je demande le trot à Elzanne. Je parviens à tenir ma place, à fixer mes mains et ne pas trop m'agiter. Elle trotte correctement. Je repasse au pas tout en restant au travail. Puis fin de la séance, rênes longues, on se pose, on se relaxe. La séance est terminée. Retour au box, tranquillement, rênes longues.

Dimanche 7 octobre

Depuis le départ d'Ouvatu, Salsa, malgré son intégration au troupeau des juments ne trouve pas réellement sa place. J'ai pris l'habitude de lui faire faire des petites balades tout autour du pré. Je n'ai pas besoin de licol, elle me suit partout comme elle faisait avec Ouvatu. L'absence de ce dernier a radicalement changé sa vie, ses repères et sa façon de passer le temps. En dépit de cet événement malheureux, une nouvelle complicité est née mais j'aimerais qu'elle trouve au sein de ses congénères la fameuse béquille dont elle a tant besoin.

Jeudi 11 octobre

Voilà, la société d'élevage est créée. Christian prend plaisir à dire qu'il est agriculteur, mieux vaudrait dire éleveur ! J'aime bien cette idée aussi !

Après une semaine et demie au box, Latsitsaa retrouve sa sœur Fatinka qui va lui tenir compagnie au pré. Fatinka ne bouge pas, Latsistsaa aura moins de tentations pour faire l'idiote.

Vendredi 12 octobre

Comme une gamine qui part en concours, je suis excitée. Je vais chercher Elzanne au pré, la brosse et lui fais une beauté car aujourd'hui nous sortons encore une fois de nos écuries. Enfin prête, je la remets dans son petit paddock en attendant l'heure de partir. Le van est attelé, je charge nos petites affaires. Il ne faut rien oublier. Check-list: selle ok, filet ok, bombe ok, sac de pansage ok, pommes ok, c'est bon tout y est !

Christian nous emmène chez mon amie à quelques kilomètres d'ici, deux kilomètres et une nouvelle aventure va commencer. Moi, je suis aux petits oignons. Christian semble plus inquiet, et me donne ses dernières recommandations. Je ne vois pas pourquoi !

Nous préparons nos montures respectives, Sylvie sa jument et moi ma ponette et nous voilà parties toutes les quatre. C'est une expédition entre filles ! Moment savoureux de liberté. C'est la troisième balade pour la ponette. Elle se comporte très bien. Bien que regardante, on le serait à moins, sortir en extérieur met tous les sens en émois. Elzanne ne bouge pas et suis attentivement sa nouvelle compagne. Par contre, lorsque dans un virage par exemple nous perdons de vue Popo qui a de bien plus grandes foulées que ma demi portion, Elzanne se met à hennir et ne demande qu'à la rattraper et prend un petit galop.

Moment de détente réel, à l'état pur, dans la nature ! Que demander de mieux.

C'est décidé, Elzanne, jusqu'à aujourd'hui pieds nus, sera ferrée des antérieurs au prochain passage du maréchal car je compte bien renouveler cette expérience et je la sens craintive lorsque nous marchons sur des cailloux.

Tout ce que nous réalisons actuellement avec Elzanne faisait partie de mes projets avec Ouvatu que j'avais sans doute aussi repoussés par crainte. Nous n'aurons pas eu véritablement l'occasion de le faire à part les deux belles balades en forêt avec Comédie et Christian. Restons sur cet aspect positif. C'est malheureusement ainsi.

Samedi 13 octobre

Aparté champêtre. Le temps sec jusqu'à ce moment bien avancé de l'année n'est pas particulièrement propice à la poussée des champignons. Euréka, il a un peu plu. Je tente le coup. Ils sont là, des bouchons à tête noire, bien fermes. Un autre plaisir de la journée avant de monter Elzanne cette après-midi.

La ponette est moins vive, la balade d'hier a laissé quelques traces. Néanmoins, sur un temps très court pour ne pas la braquer, elle offre ce que je lui demande. Nous restons au pas, tranquillement, je ne veux pas la fatiguer. Hier, elles ont bien transpiré avec Popo.

Dimanche 14 octobre

Jour de concours à Razès. Christian s'y rend dès le matin pour faire de la « représentation » et encourager tous nos petits amis cavaliers et leur coach qui participent et peuvent être fiers de leurs performances.

Je suis seule en ce dimanche matin à la maison. Je vais faire mon petit tour des chevaux. Salsa arrive et comme toujours maintenant me suit. Elle a du mal à trouver sa place dans ce troupeau exclusivement féminin.

Après avoir salué nos fifilles, je décide d'aller me balader dans les bois. On ne sait jamais, si je faisais de ci, de là quelques trouvailles.

C'est un moment que j'apprécie surtout à cette période de l'année. Les couleurs changeantes des feuillages,... Cavaler dans les bois me viens de mon père qui bien loin d'être un solitaire sans être non plus un extraverti adorait les moments de partages, les rencontres avec les gens et discuter autour d'un verre ou d'un repas de choses et d'autres. Il se délectait de partir seul dans les bois qu'il connaissait bien, simplement pour se balader, ou pour chercher les champignons en homme de la terre qu'il était. Souvent je l'accompagnais, je rompais sa tranquillité mais nous passions un bon moment ensemble.

La mère de Christian est elle aussi une adepte de la recherche et de la cueillette des cèpes. Elle a ses coins. Elle m'en a d'ailleurs montré quelques-uns. Que je ne dévoilerai pas ! Il ne manquerait plus que ça !

Rien, juste une belle colonie d'amanites. Ces champignons vénéneux sont aussi beaux qu'ils sont dangereux. En nombre sur un lit de feuilles ou de mousse je les trouve magnifiques et prends des photos. A défaut de cèpes, je ramènerais quelques châtaignes.

En fin de matinée, je retrouve Christian à Razés et suis heureuse de retrouver nos amis. C'est Salsa qui tient compagnie à Latsitsaa. Lorsque cette dernière rentre au box le soir, Salsa rejoint le troupeau des autres juments.

Aujourd'hui, Salsa laisse éclater sa joie lorsqu'elle rejoint la pouliche au pré. Elle semble tellement heureuse de retrouver sa petite copine. Habituée à vivre en binôme avec Ouvatu, son départ fut un choc pour elle. Revivre et se retrouver à nouveau à deux lui convient tout à fait et la contente à tel point qu'elle part en ruades, galopades la tête entre les jambes. Le moral de notre Salsa revient jour après jour.

Bonne nouvelle, la semaine prochaine, ce sont les vacances.

Mardi 16 octobre

Levée tôt, au boulot une journée bien remplie même si pour une fois pas de réunion en soirée programmée cette semaine !
Je sors de cours à 17h, 17h40 je suis à la maison. J'enfile mon jean, mes chaussures de marche, en bref je me transforme en campagnarde et j'adore ça.
Salut bref à mes compagnons à quatre pattes. Je remonte dans notre super Fiatou panda 4x4. Et je me retrouve dans les bois. Ma cueillette n'est pas exceptionnelle mais même les trouver en petite quantité me satisfait déjà pleinement. Juste de voir et découvrir la tête des cèpes à peine cachée sous des feuilles ou dans l'herbe me donne pleine satisfaction.
De retour à la maison. Je vais voir Elzanne, elle passe à côté de moi et ne me calcule même pas. Elle aussi doit avoir ses humeurs.

Vendredi 19 octobre

En vacances. Je dors. La sonnette de la porte d'entrée retentit. Je me lève en sursaut et vais voir. Le vétérinaire est là. Il vient vacciner les deux pouliches contre la grippe et le tétanos. Il n'était pas prévu qu'il vienne si tôt. Bon, désolée, il repassera plus tard. Christian est parti courir.
A son retour, il faudra attraper les deux bébés. Latsitsaa, ne pose aucun problème. Le licol est mis, elle suit jusqu'au box. A l'arrivée du vétérinaire elle est attachée et ne bouge pas. Le vaccin n'est qu'une simplement formalité. Elle est vraiment exceptionnelle de gentillesse.

Pour Ikickapou, pas encore sevrée puisque plus jeune que Latsitsaa se sera une autre paire de manches. Je vais attraper Indiana, Ikickapou suivra-telle ? Elle a maintenant acquis beaucoup d'autonomie et fait copine avec tout le monde. Aujourd'hui, elle est décidée et suit sa mère. Nous les rentrons au box. Pour les autres poulains, nous étions me semble-t-il assidus comme nous l'avons était pour Latsitsaa d'ailleurs. Pour Ikickapou, il y a plus de « laisser-aller » peut-être parce qu'elle va rester à la maison et nous savons que nous avons le temps. Cela fait quelques temps que nous ne lui avons pas mis son licol, ni ne l'avons attachée. Eh bien, ce temps où nous l'avons laissée tranquille lui a sans doute était profitable car Christian parvient à lui mettre son licol sans problème et ne bouge pas à l'attache. Lors de la piqure l'effet de surprise la fait sursauter mais ce n'est pas méchant.

Après ces quelques misères nécessaires tout ce petit monde repart au pré passer sa journée et vivre sa vie de poulain.

Samedi 20 octobre

Fatinka commence à se réveiller et montrer qu'elle aussi sait faire le cheval à bascule et essayer de se cabrer. Il faut la mettre en avant mais cette grande adolescente encore pataude a du mal à déplacer sa carcasse.

Christian travaille Elzanne sur l'apprentissage du galop. A droite, ça peut aller mais la direction est mal assurée. A gauche, elle a tendance à partir à faux. Mais elle apprend vite, donc d'ici deux ou trois séances, elle devrait avoir acquis de belles compétences dans cette activité là également.

Dimanche 21 octobre

Dimanche ensoleillé. Un petit footing au milieu des bois de Muret. Au centre équestre, les étangs souffrent de la sécheresse, le pré face à la Maison de retraite est bien sec.

Pour changer d'activité je décide de travailler Elzanne en longe. Nous sommes en fin d'après-midi. Je sors les affaires de pansage et son licol. Ça tombe bien elle boit à l'abreuvoir à l'entrée du pré. Je vais la chercher de ce pas. Mais, la belle est filoute. Elle lève la tête, me regarde, fait deux pas en arrière, se retourne et part au galop ventre à terre rejoindre le reste du troupeau dans l'autre pré.

Il ne me reste plus qu'à aller la chercher. Je crois qu'à la vue du licol elle a bien compris que la tranquillité n'était plus de mise et qu'il fallait aller travailler.

La séance de longe n'est qu'à moitié satisfaisante. Elle a encore tendance à réduire le cercle ou à se pencher notamment lorsqu'elle tourne à droite. Il faudrait que nous fassions ce travail en longe beaucoup plus régulièrement. Par contre, elle obéit bien à la voix ce qui est déjà une grande partie du travail pour un jeune cheval.

Les rigoles sont toujours à sec. Christian prépare l'arrivée de la pluie et souhaite protéger les abords du ruisseau pour que les chevaux ne les piétinent pas. Il place des piquets qui n'attendent plus que les fils, seul un passage matérialisé restera ouvert pour que les juments puissent franchir le petit ruisseau. C'est un travail de titan mais nécessaire.

Lundi 22 octobre

Depuis deux jours, un défilé de grues dans le ciel Ambazacois présage l'arrivée du froid et annonce l'hiver avec le changement de temps. En effet, ce matin le vent s'est levé et l'air est plutôt vif.
Cela ne manque pas d'égayer nos juments. Surtout Fatinka et Elzanne. Ces deux-là partent en coup de cul, ruades et autres acrobaties. Fatinka essaye d'aller chercher

Indiana qui reste stoïque et peu encline à s'adonner à ces jeux de jeunes pouliches. Elle se protège et fait mine de ne rien comprendre et de ne rien voir. Tu as raison ma belle, il faut te ménager.

Nouvelle séance de longe pour la ponette. Elle est beaucoup plus à l'écoute et à l'aise dans ses mouvements qu'hier. Il n'y a pas de mystère, il faut répéter. De retour au box, pansage de rigueur, gourmandise en guise de récompense. Ce soir Christian va rentrer tard. Pour la première fois depuis qu'elle est au pré je rentre Latsitsaa dans son box. C'est facile, elle n'a pas de mouvement brusque et rentre dans son repaire sans rechigner. Elle sait très bien que dans la mangeoire l'attend sa ration du soir. C'est un bon argument de persuasion.

Mercredi 24 octobre

C'est la journée de l'équitation chez une enseigne célèbre de sport qui commence par un « D ». Christian y est invité en tant que professionnel. Il y passe l'après-midi, il rencontre d'autres professionnels (maréchaux-ferrants, ostéopathe...) et obtient quelques rendez-vous.

Jeudi 25 octobre

Mélanie va venir monter Elzanne. C'est elle qui va dorénavant s'occuper de notre travail à la ponette et moi.
Un moment agréable ... une belle séance... un travail amorcé à poursuivre ... Elzanne ne demande qu'à bien faire. Merci Mel !
Je prends sa succession, une leçon improvisée s'amorce.
A la fin de la séance Mélanie me demande : « Tu veux galoper ». Oh ben vu comme la reprise s'est déroulée, je lui réponds timidement mais avec un large sourire : « Oui »
Voilà c'est fait. Que du bonheur ! Mais je ne suis pas habituée à cette cadence de trottinette. Ça part très vite, ou tout du moins on a l'impression que ça va très vite. En même temps, nous sommes toutes les deux dans la précipitation tout en voulant bien faire.

Vendredi 26 octobre

Repos !

Samedi 27 octobre

Les jours passent et ne se ressemblent pas à cheval. Il faut s'y faire. Toutes les certitudes tombent et font place à la remise en question et à l'humilité.

Par grand froid, un vent agitateur de branches, de feuilles et de chevaux s'est levé. Aujourd'hui Elzanne est tout sauf attentive, refuse de passer à certains endroits, j'insiste mais elle aussi. On va calmer le jeu et travailler au pas. Ne faisons pas ressurgir de vieux démons.

Nous sortons les couvertures. Elzanne et Fatinka vont enfiler les leur aujourd'hui.

Dimanche 28 octobre

Fatinka va franchir ses toutes premières barres. Nous lui en avions déjà montré mais c'était lors de la phase pré-débourrage. Là, les choses sérieuses vont commencer pour elle.

Nous partons avec le van et nos deux juments aux Ecuries d'Haleix, chez nos amis. Ils ont un manège. Nous allons donc pouvoir les travailler à l'abri.

C'est Elzanne qui commence. Christian la prend et dans cet environnement qui n'est pas le sien, elle marche plus rapidement et montre quelques signes d'anxiété. Finalement, elle se régule assez vite et je prends la relève. La jeunesse est présente, Ophélie, Mélanie, Simon et Audrey sont mes spectateurs d'un jour. Je dois m'appliquer et éviter les erreurs de débutant que je suis encore capable de faire.

Mélanie me prodigue quelques conseils. Tout se passe bien, jusqu'à la phase du galop. Là, j'obtiens tout sauf le galop mais un allongement du trot que je n'aurais même pas envisagé. Ceci, à plusieurs reprises. C'est très énervant. Mélanie monte sur la ponette, parvient à ses fins. Une dernière tentative pour moi, après on arrête pour ne pas épuiser la ponette qui montre encore beaucoup d'énergie. Je fais attention à ma position, elle y est tellement sensible, se positionner bien en arrière, mettre ses aides en place, on y est. On finit sur du positif. C'est ce qu'il faut pour tout le monde. Pansage, gourmandises, box au chaud.

C'est au tour de Fatinka. Elle n'aura pas de selle sur son dos aujourd'hui. Le travail sur les barres au sol et à l'obstacle sur une petite hauteur se fait en liberté. Nous lui laissons le temps de s'habituer au manège, aux odeurs, aux hennissements des chevaux qu'elle ne connait pas, aux appels d'Elzanne.

Quelques passages sur des barres au sol se révèlent engageants. La jument les franchit en les regardant mais sans montrer de panique. Rien à voir avec Comédie qui pouvait faire un saut de peur dans les mêmes conditions.
Christian installe un dispositif afin de la cadrer pour la faire sauter sur une croix. L'ensemble est plutôt satisfaisant. Elle n'a peut-être pas un vrai sens de la barre mais travaille dans le calme. Il est indiscutable que vu son flegme elle ne va pas se transformer en un monstre de dynamisme. Il faut qu'elle développe un peu plus d'énergie. Elle va murir. C'est encore un vrai gros bébé.

Lundi 29 octobre

Tout notre petit monde reste tranquille au pré. Christian est parti travailler dans les landes. Il va rentrer tard.

Il est 17h30. Je vais rentrer Latsitsaa avant de nourrir. La petite a bien compris que lorsqu'on arrive et que l'on accroche la longe au licol, elle va rentrer au box et avoir sa ration de granulés. Il faut rester vigilant car elle a tendance à vouloir sortir rapidement voire même à forcer les ressorts qui ferment le pré. Calme et fermeté sont de rigueur pour lui faire comprendre qu'elle ne doit pas tirer sur la longe ou sortir du pré avant que quelqu'un le lui ait demandé. Ensuite, elle avance vers son box et reste tranquille au chaud jusqu'au lendemain matin. Nous la bichonnons avant son départ prévu pour le week-end du 11 novembre.

Mardi 30 octobre

Depuis deux jours, j'ai repris le chemin du bureau. La fin de mes vacances sera consacrée à préparer ou améliorer mes futures séances de cours pour mes petits élèves de baccalauréat professionnel. Même si j'aime mon métier, comme tout le monde j'aimerais profiter de mes vacances jusqu'au dernier jour.

En milieu d'après-midi, il est nécessaire de faire le break. Christian ne travaille pas. Nous allons nous occuper de la cavalerie. Je monte Elzanne. Elle m'offre encore une excellente séance. Ce sont de vrais cadeaux qui procurent un tel bien être lorsque nous rentrons ensemble au box. Elle peut être à la fois si détachée lorsqu'elle est au pré avec le troupeau et aussi tellement à l'écoute et proche de celui qui s'occupe d'elle. Elle s'en remet totalement à son cavalier en selle ou à pied.

Alors que je m'occupe d'Elzanne au box, à la douche et la récompense, Christian détend Fatinka sur la carrière. Je le rejoins, afin de lui mettre des barres au sol pour poursuivre le travail commencé dimanche dernier. Tout va bien. Comme avant-hier elle regarde les barres et les passe sans se poser de questions.

Novembre

Une fin d'année sous le signe des avancées !

Jeudi 1er novembre

Matinée grisâtre mais bien colorée tout de même. Les bons moments colorent même la grisaille automnale qui s'est abattue sur nous du jour au lendemain. Après un bon footing, reprise à cheval. Christian commence avec Fatinka, je prends un café au chaud en attendant puis je vais chercher ma petite monture pour une séance dans le calme, pas, trot, galop. Je commence à bien ressentir quel niveau de tension avoir pour ne pas la gêner et travailler efficacement. Je me stabilise au trot du coup la ponette m'offre de vrais moments plaisirs. Christian la monte un peu avant moi. Je crois que si elle était un peu plus grande, il me la prendrait. Il aime bien son énergie, caractéristique qui manque encore à Fatinka avec parfois ses allures d'adolescente dégingandée.

Samedi 3 novembre

Encore une triste nouvelle. Ce matin, cérémonie religieuse pour Claire. C'était une collègue, une des infirmières du lycée dans lequel je travaille. Elle ne manquait jamais de demander des nouvelles des chevaux. Elle savait qu'un exutoire est nécessaire. Je crois qu'elle aimait bien la nature.

Je rentre en début d'après-midi après une matinée chargée en émotions. Il faut prendre l'air. Un petit tour aux cèpes ! En voilà un, tient à ses côtés le petit frère attend sans faire de bruit.

Le reste de l'après-midi est consacré aux chevaux.

Et puis... Nous les entendons arriver de loin, nous ne les voyons pas et dans le ciel d'un bleu azur, des grues, des grues et encore des grues par centaines. Le froid arrive, elles volent vers des contrées plus chaudes et ensoleillées. Nous les reverrons l'année prochaine.

Dimanche 4 novembre

J'ai préparé la petite valise d'Elzanne. Elle part en formation. Ce n'est pas une colonie de vacances mais plutôt un séjour éducatif avec l'idée de la faire progresser avec Mélanie.

Direction les Ecuries d'Haleix. Il y a du monde. Nous sommes quatre pour mettre Fatinka sur les barres, en liberté. Comme nous sommes déjà venus la semaine dernière, elle est plus à l'aise et prend possession des lieux assez rapidement. D'abord, elle franchit des barres au sol. Un jeu d'enfant. Puis, les barres sont posées sur les chandeliers. Elle termine sur un petit oxer. Elle est franche mais ne sait pas trop ce qui lui arrive.

Nous rentrons en piste avec Elzanne. C'est Mélanie qui nous dirige, contrôle, conseille. Elzanne est une pile électrique. Mel. me fait travailler justement pour faire baisser cette tension en demandant à la ponette de marcher le plus lentement possible. Petit à petit, la pression retombe à force de changement de direction, de travail sur des cercles et toujours et encore en essayant de rester vigilante sur ma position et attentive à mes mains.

Que ceux qui disent que l'équitation n'est pas un sport, prenez une heure de cours dans un centre équestre où le moniteur est concentré uniquement sur vous et nous en reparlerons.

La séance est très positive. Le maître mot de l'équitation : l'humilité !

La ponette me rappelle à l'ordre à la fin de la séance ; je ne parviens pas à mettre Elzanne au galop, elle accélère fortement le trot mais nous ne nous comprenons pas. Je lève les mains, je m'agite. Retour au calme. L'autre maître mot avec un jeune cheval : la patience. Pas toujours facile !

Donc Mélanie va la prendre en pension-travail dans ses écuries. Ce soir Elzanne ne dormira pas à la maison. Elle va rester en pension une semaine.

Je sais qu'elle est entre de bonnes mains.

Lundi 5 novembre

J'ai eu des nouvelles d'Elzanne. Elle s'est dévoilée bonne élève visiblement. Elle a aussi fait la rencontre de ses deux nouvelles compagnes de pré : une autre ponette avec sa pouliche.

Je rentre vers 17h45. Il ne fait pas tout à fait nuit, j'ai juste le temps de rentrer Latsitsaa et de nourrir les chevaux. Rentrée au chaud, j'allume l'insert. Christian ne devrait pas tarder à arriver. Je crois qu'il était dans le Périgord.

Mercredi 7 novembre

Ce matin j'ai quatre heures de cours et dispose de mon après-midi pour aller monter. Je reste au lycée jusqu'à quatorze heure pour préparer ma journée de demain en ayant dans la tête que je vais profiter de ma ponette et de mes amis tout l'après-midi. Puis, avec délectation je rentre à la maison, gare ma voiture devant l'écurie. Je ne dois pas perdre de temps pour charger mes affaires d'équitation pour me rendre aux Ecuries d'Haleix.

J'enfile ma tenue de cheval. Je charge mes affaires dans la voiture. Tout est prêt ; l'après-midi va être sympa. Dépitée, je suis dépitée, ma voiture ne veut plus démarrer. Heureusement, la Fiat Panda est là. Je transfère tout l'équipement d'une voiture à l'autre. Les problèmes mécaniques, auxquels je ne connais rien, attendront.

J'arrive aux Ecuries. La ponette attend gentiment au box. Une fois ma monture prête, nous partons au manège avec mon petit coach du moment. Leur travail à toutes les deux a véritablement porté ses fruits. Elzanne a besoin d'évoluer dans le calme, nous avançons dans ce sens.

Un bon après-midi. A cheval, plus de pensées orientées boulot ou petits tracas de tous les jours. La concentration nécessaire et en binôme ne permet pas la divagation de l'esprit dont je suis coutumière.

Vendredi 9 novembre

Ce vendredi, après-midi sur la carrière des Ecuries d'Haleix avec Popo et Sylvie. Encore une séance constructive. Elzanne a bien assimilé les départs au galop. C'est une drôle de sensation. C'est comme une voiture à propulsion arrière. Ça démarre fort ; puis elle tient son galop.

Samedi 10 *novembre*

Cette année célèbre le centenaire de l'armistice de la première guerre mondiale. Partout, des festivités et manifestations ont été organisées pour rendre hommages aux soldats. Nous sommes tous concernés, avons tous dans nos familles des ancêtres voire nos parents dont les pères ou grands-pères ont été mobilisés, sont revenus ou sont morts au combat. Saint Laurent Les Eglises n'est pas en reste et propose aujourd'hui l'inauguration de son exposition, bien alimentée et documentée grâce aux témoignages et prêts d'objets, de documents par certains habitants soucieux de conserver ce qui fait notre mémoire historique. Nous nous y rendons avec ma mère qui a volontiers prêté des objets ou documents, souvenirs de mes grands-parents.

Cet événement mobilise toute mon attention et m'évite de penser au départ de Latsitsaa prévu en début d'après-midi.
Les charentais sont arrivés. Lui fait du concours d'obstacle, elle davantage de dressage. Ce sont eux aussi des passionnés. Latsitsaa part à proximité de Niort où elle sera en compagnie d'autres poulains en attendant son éducation et son évolution vers une carrière de future sportive de sauts d'obstacles. Enfin, c'est ce que lui réservent ces nouveaux propriétaires. Ils ont de la

chance, ils embarquent une pouliche adorable, câline et bien dans sa tête.

Nous avons des nouvelles ce soir. Un coup de fil nous informe qu'elle a très bien voyagé, qu'elle est dans un box avec un autre poulain dans ses nouvelles écuries. Nous saurons sans tarder comment s'est déroulée son intégration d'autant que, par le plus pur des hasards, la propriétaire des écuries est une cliente de Christian.

Dimanche 11 novembre

Latsitsaa est partie, le box est nettoyé et le lit remis en état avec de la paille fraîche. C'est Ikickapou qui va prendre sa place avec Salsa pour que le sevrage soit plus doux. Indiana et sa fille vont devoir couper le cordon. Nous allons les y aider. Après quelques temps au box, Ikickapou rejoindra Goshka qui lui servira de mère d'adoption et d'éducatrice.

Quant à Indiana, elle restera au pré avec Salsa et vivra sa retraite au pré. Notre jument de cœur aura bien rempli son double rôle.

D'abord bonne jument de loisir en dressage et saut d'obstacles, elle m'a appris tellement dans le contrôle de soi et de mes émotions.

Cette jument gentille mais stressée avait besoin de temps pour se canaliser et se concentrer. C'est drôle, c'est exactement ce que je retrouve avec Elzanne. Pourtant, gérer ses émotions n'est pas chose facile. A cheval, on ne pense à rien d'autre. L'équitation est un sport thérapeutique. Le cheval, un partenaire thérapeutique.

Ensuite, comme reproductrice, elle a mis du temps à se faire à l'idée.
C'est par elle qu'aurait dû commencer notre élevage. La nature en a voulu autrement. Elle nous a tout de même comblé avec Dachachuk, Ehawee, Gaagii et enfin la petite Ikickapou. Cette dernière ressemble en plusieurs points à sa mère : elle est tâchée comme sa mère, elle sera sûrement de taille moyenne. Indiana lui a également légué son caractère qui allie gentillesse et nervosité. Elle restera aux écuries et ferons notre possible pour qu'elles y vivent heureuses et aussi détendues que possible ensemble pour longtemps.

Allez, maintenant si je veux progresser encore, il faut que j'aille m'occuper d'Elzanne qui s'impatiente dans le box.

Tous les jours

Je ne peux pas finir sans parler de Zoé.

Toujours et de plus en plus proche de nous en prenant de l'âge. Je voudrais bien cette vie de chat à se lover dans tous les petits coins douillets de la maison.

En fonction du temps, du moment, Zoé a son plaid devant la fenêtre dans le bureau et se réchauffe à travers les carreaux et le radiateur posé en dessous, puis nous la retrouvons en boule sur son fauteuil dans la chambre d'amis. Mais, ce n'est pas tout. Lorsque nous nous sommes absentés, et que nous parcourons la maison pour la retrouver des miaulements lointains nous interpellent comme si elle était fermée là sans pouvoir sortir. Nous la trouvons tout en haut sur la dernière étagère de la penderie au fond, dans les couettes. La voici maintenant dans sa panière, non loin du feu de cheminée ou sur son coussin sur le canapé. En bref, elle est partout chez elle et sait sans complexe trouver la place idéale pour son bien-être.

Et puis, elle parle de plus en plus pour nous dire par exemple qu'elle souhaite sortir. Par grand beau temps, pas de problème mais malgré l'envie si nous ouvrons la baie vitrée par temps morose et pluvieux et l'air vif, elle sort sa petite tête et fait marche arrière pour rejoindre un de ses lieux moelleux où elle passera la journée à ronronner ou dormir d'un œil.

Zoé est un chat à l'indépendance douteuse. Là où nous nous trouvons, Zoé n'est jamais très loin. Elle nous suit absolument partout, de la grange vers les écuries, des écuries vers le pré lorsque nous allons nourrir les chevaux ou simplement nous balader dans le pré. Elle a besoin de notre présence tout comme nous de la sienne.

C'est ça la vie de chat, tout du moins la douce vie de Zoé.

Epilogue

Depuis le 11 novembre, la cavalerie des Ecuries Las Benex a bien évolué en divers points.

Notre petite Elzanne progresse toujours et encore. Elle commence à devenir plus raisonnable. Son petit caractère bien trempé restera néanmoins, c'est aussi ce qui nous plait en elle. Elle a commencé à sortir en concours de sauts d'obstacles. D'abord en club pour se mettre en route, nous la sortons maintenant en préparatoire lorsque cela est possible. La belle se prête bien au jeu. Elle manque encore d'endurance mais elle est franche et dévouée sur les barres. Nous sommes contents, fiers d'elle et de Mélanie qui la monte en concours. Elle m'offre le plaisir du travail sur le plat à la maison et ailleurs, de partir en balades. Je n'exclus pas de sauter quelques barres avec elle.

Fatinka ne change pas, fidèle à son flegme légendaire. Elle dévoile de belles allures lorsqu'elle est au travail. Elle a franchi quelques barres. Il va falloir se mettre sérieusement à l'entraînement. Chose qui ne saurait tarder maintenant.

Nos deux jeunes juments partagent maintenant la carrière lorsque nous montons ensemble avec Christian. Des balades et des sorties sont en prévision.

Une nouvelle ponette est venue agrandir le troupeau. Nous sommes allés chercher Reine en Haute-Normandie. A quatorze ans, elle est beaucoup sortie en CSO. Pour nous sa carrière de sportive est terminée. Elle sera poulinière à nos côtés si la nature le veut bien. Se faire sa place n'a pas été évident pour elle dans ce troupeau déjà bien installé. Heureusement, Salsa est là. C'est elle qui a permis à Reine de découvrir son nouvel univers et de s'intégrer progressivement. Elles se sont rapprochées tellement naturellement comme si Salsa voyait en elle son compagnon perdu.
Notre petit dernier, né le mardi 9 avril, répond au nom de Jayawa. Goshka nous a encore gâtés. Nous étions impatients. La surveillance

avait commencé depuis quelques nuits sans rien donner. Nous pensions que finalement notre jument saurait attendre mon retour d'Amsterdam. Je ne partais que cinq jours du mardi au samedi, voyage inclus. Il n'en fut rien. Alors que j'étais dans le bus avec mes collègues et mes élèves en direction de la Hollande, Christian m'a permis d'assister en quasi simultané à la naissance de ce petit bonhomme. Tout s'est bien passé. Jayawa avait une chance sur quatre d'être pie, une chance sur quatre d'être léopard, une chance sur quatre d'être pie-léopard et une chance sur quatre d'être bai. Dommage pour Chevaux Pie Las Benex, il est bai. Pour nous, l'essentiel est qu'il soit en pleine forme, très énergique, câlin et très joueur.

Remerciements

Merci à tous ceux qui liront ce carnet ouvert.

Merci à nos petites cavalières avec lesquelles Elzanne a bien progressé, appris et sans qui je ne pourrais pas prendre autant de plaisir à la monter.

Merci à mes amis et copains qui restent toujours encourageants et bienveillants.

Merci à Maria Magdalena Manas-Nardoux qui m'a conseillée et encouragée dans ce projet. Ses ouvrages trouvent un vrai succès.

Merci à nos amis avec qui nous partageons cette passion qui alimente bon nombre de nos discussions.

Merci à nos parents de nous suivre dans nos péripéties équestres et de ne pas nous tenir rigueur du temps que nous y consacrons.

Merci à Christian pour son soutien, son aide, qui m'a motivée dans mon envie d'aller au bout de ce projet.

Merci à nos chevaux grâce auxquels nous avons pu faire de belles rencontres et au bien-être qu'ils nous procurent au quotidien.

Carnet ouvee Las Benex